NEUER SPORTVERLAG

MuKi Tennis

Der optimale Einstieg in den Tennissport, für Kinder von 3 bis 6 Jahren zusammen mit ihren Eltern

von Nina Nittinger
in Zusammenarbeit mit Farah Linder und Petra Russegger

Inhaltsverzeichnis

Download MuKi-Tennis-Stationsschilder:
www.neuersportverlag.de/ebook/mukitennis.pdf

MuKi Tennis

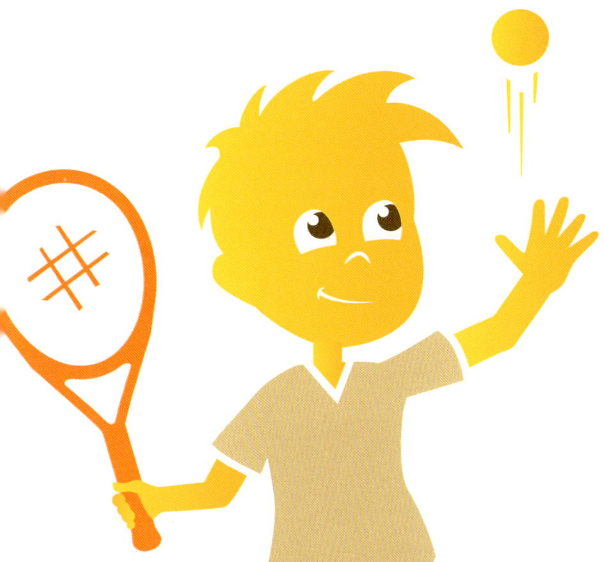

Theorieteil

Die Autoren

Einführung

MuKi-Tennis

Vorteile für den Verein

Einblicke in die motorische Entwicklung

Einblicke in die kognitive Entwicklung

Tipps für die Praxis

Die Autoren

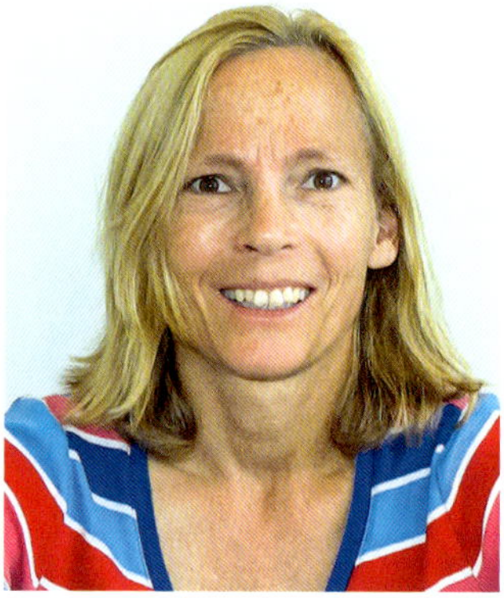

Nina Nittinger

- verheiratet, Mutter von 2 Kindern
- Autorin
- Dipl. Kffr. Sportmanagement
- A-Trainerin Tennis (DTB & Swiss Tennis)
- A-Trainerin Kondition (Swiss Tennis)
- Mentaltrainerin für Sportpsychologie
- J+S-Expertin
- WTA Tour professional

MuKi-Tennis ist ein Projekt, das mir persönlich sehr am Herzen liegt. Als Mutter und Trainerin möchte ich den Kindern den Einstieg in den Tennissport so kreativ und spielerisch wie möglich vermitteln, damit sie von Anfang an mit Begeisterung bei der Sache sind. Für mich ist die Möglichkeit, mit Eltern und Kindern zusammen auf dem Platz zu arbeiten, die beste Voraussetzung, um eine Lektion mit Kindern in diesem Alter optimal zu gestalten. Und es ist toll zu sehen, mit wie viel Spaß und Eifer sowohl die Eltern als auch die Kinder in jedem Training dabei sind. Die Kinder zwischen 3 und 6 Jahren profitieren sehr davon, denn sie können sich in der „Sicherheit" der Eltern besser entfalten, mehr ausprobieren und entdecken, ohne dass dies einen Einfluss auf die Gruppe hat. Zudem ist es schön, gemeinsam eine Sportart zu beginnen, die man auch ein Leben lang weiter zusammen durchführen kann.

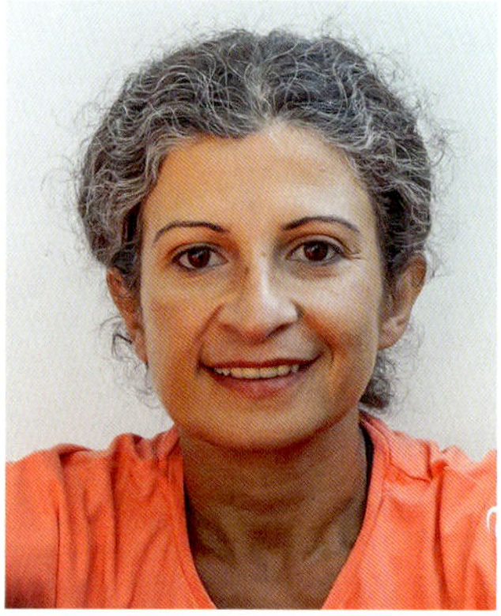

Farah Dayoub Linder

- verheiratet, Mutter von 2 Kindern
- B-Trainerin Swiss Tennis
- Kindertennis in der Solothurn Tennis Akademie seit 2013
- J+S-Nachwuchs-Leiterin
- Kids-Sport-Leiterin
- Nationalcoach in Syrien für Junioren, Fed-Cup und Davis-Cup-Teams von 2003 – 2010 & Umsetzung des ersten Kids-Tennis-Programms
- Internationaler Tennis Verband (ITF) von 2003 – 2013: Trainerausbildung, Entwicklung der Region Westasien, Coaching von asiatischen Junioren-Teams

Heutzutage gibt es eine Vielfalt von Kleinkinderangeboten. Angepasstes Material führte dazu, dass Unterrichtende und Eltern dachten, dass damit Tennis einfacher zu erlernen sei. Der Start ins Tennis muss nicht „früh“, sondern „richtig“ sein! Richtig bedeutet, nicht nur angepasstes Material zu verwenden, sondern die richtige Methode zu wählen und eine kindgerechte Umwelt zu schaffen. Die Stärke von MuKi-Tennis ist es, alle diese Forderungen zu erfüllen.

Beim MuKi-Tennis geht es nicht ums „Lernen von Tennis“, sondern darum, eine Umwelt auf dem Tennisplatz zu kreieren, in der Kinder sich wohlfühlen und in der sie sich motorisch, kognitiv und sozial ihrer Entwicklung entsprechend ausleben können.

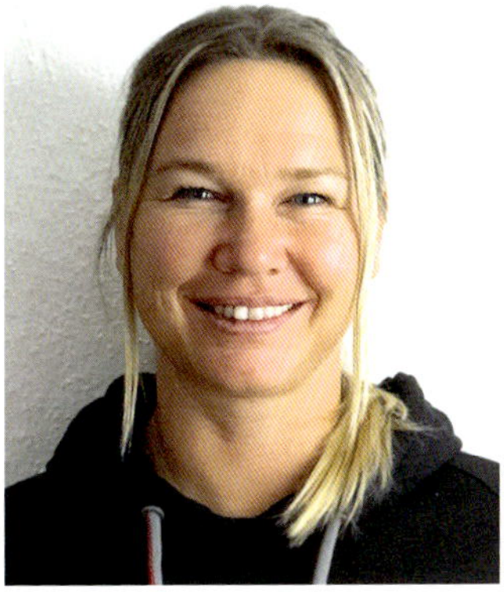

Petra Russegger

- MBA Sport- und Eventmanagement
- ehemalige Profispielerin
- Sportkoordinatorin Tiroler Tennisverband
- ITF Touring Team Coach
- langjährige Jugendnationaltrainerin ÖTV
- Ausbilderin und Referentin Coaches Education

Im Tennis wie auch in vielen anderen Sportarten ist man bemüht, den Nachwuchs für den Sport zu gewinnen und entsprechend zu fördern. MuKi-Tennis bietet für Eltern und Kinder die Möglichkeit, einen ersten Einstieg und positive Erfahrungen im Tennis zu sammeln. Auch für den Verein bieten sich neue Möglichkeiten, Kunden zu gewinnen und langfristig ins Clubleben zu integrieren.

Als langjährige Nationaltrainerin ist mir aufgefallen, dass die Kinder oft viel zu früh anfangen, zu technisch und einseitig zu trainieren. Dabei kommt die wichtige polysportive, motorische und kognitive Ausbildung zu kurz. Das Sammeln von Bewegungserfahrungen bildet auch sportartübergreifend eine Basisausbildung, und das Erlernen aller weiteren Sportarten macht infolgedessen mehr Freude! Unter der Aufsicht der Eltern können sich die Jüngsten sicher und geborgen entfalten. Innovative Ideen, ein fundiertes Konzept sowie viel Spiel und Spaß an der Bewegung in jungen Jahren – das ist MuKi-Tennis!

Einführung

Durch zunehmend enge Wohnverhältnisse und verbaute Wohnbereiche sind die Bewegungsmöglichkeiten der Kinder heutzutage zum Teil sehr eingeschränkt. Spielplätze werden vermehrt durch Parkplätze oder anderes ersetzt. Auf der Straße zu spielen ist bei dem regen Verkehr kaum noch denkbar. Schimpfende Nachbarn, die den Lärm der Kinder nicht gerne haben, überängstliche Mütter und viele weitere Gründe schränken die Bewegungserfahrungen der Kinder ein.

Der Mangel an Bewegung führt jedoch zu körperlichen Schwächen, die die optimale Entwicklung der Kinder verhindern. Kontaktarmut und mangelnde Spielmöglichkeiten mit anderen Kindern können zu Problemen im sozialen Verhalten führen. Reizüberflutungen und Hektik im Alltag hindern Kinder zusätzlich daran, ihre Gefühle spontan auszudrücken.

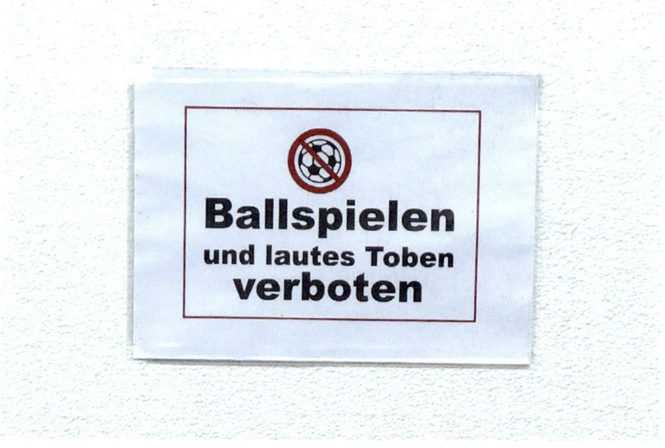

Nach Riz (2008) können langfristige gesundheitliche Schäden und eine eingeschränkte Entwicklung jedoch nur vermieden werden, wenn Kinder so häufig wie möglich Grundtätigkeiten wie Laufen, Gehen, Rennen, Hüpfen, Springen, Purzeln, Rollen, Klettern, Steigen, Stützen, Balancieren, Hängen, Hangeln, Schwingen, Schaukeln, Werfen, Fangen, Ziehen, Schieben, Schlagen, Stoßen, Heben, Tragen, Schießen und viele weitere ausführen können.

Braun-Hornung (2015) betont, dass Kleinkinder ganzheitlich mit allen Sinnen lernen. Sie sehen, riechen, schmecken, beobachten, experimentieren, ahmen nach, fühlen und spielen. Sie brauchen diese Sinneserfahrungen, um sich weiterzuentwickeln. Und das Gelernte müssen sie üben und immer wiederholen, um bestimmte Fertigkeiten zu erlangen. Zu diesen Sinneserfahrungen gehört auch die Bewegung. Nur mit Bewegungserfahrungen entstehen im Gehirn neue Verknüpfungen der Nervenzellen und diese können sich weiterentwickeln. Bewegung fördert nicht nur die körperliche, sondern auch die geistige Entwicklung. Kinder verfügen normalerweise über einen natürlichen Bewegungsdrang, der entscheidend zu einer harmonischen Gesamtentwicklung körperlicher, geistiger, psychosozialer und motorischer Fähigkeiten beiträgt.

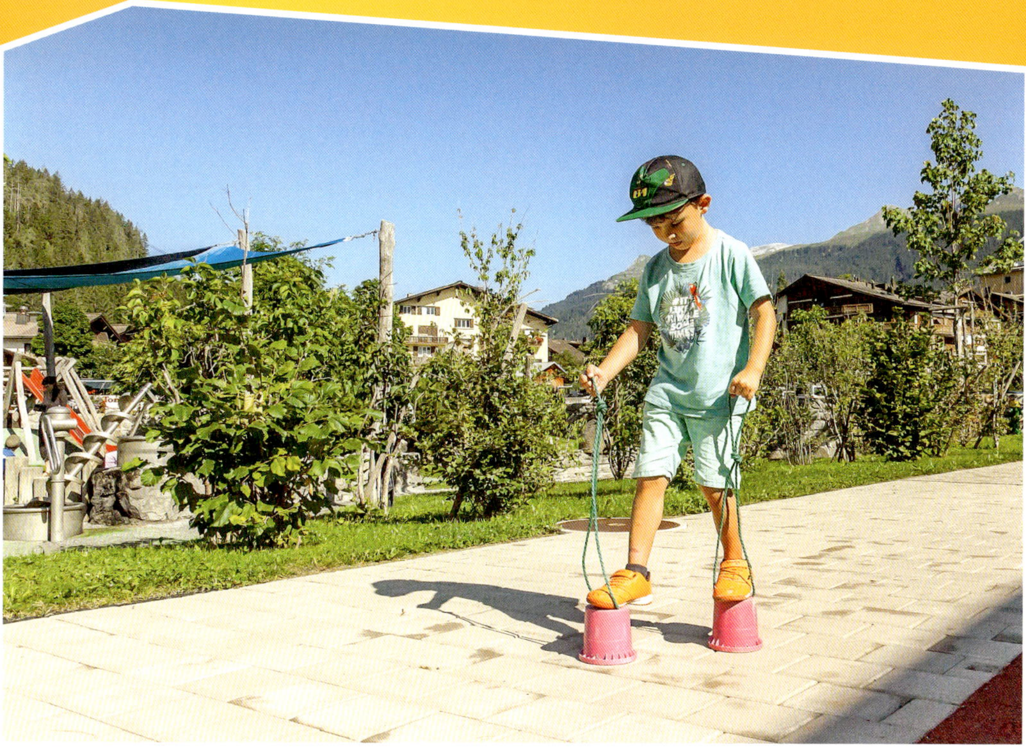

Nach Roth u. a. (2016) kann die Bedeutung der ersten Lebensjahre für die Entwicklung eines Kindes gar nicht hoch genug eingeschätzt werden. Er betont, dass das Fundament für die Lern- und Beziehungsfähigkeit vor dem Schuleintritt gesetzt wird, also bei den Kindern im Kleinkind- und Vorschulalter zwischen 3 und 6 Jahren. In diesem Alter wird die Richtung vorgegeben, inwieweit die Kinder in die Lage versetzt werden, ihre Anlagen zu nutzen, und ob und wie sie mit ihrer Neugier und ihrem Forscherdrang die Umwelt erobern und ihr Leben meistern können.
Eine Studie der empirischen Wirtschaftsforschung (Geis-Thöne; Schüler, 2019) bestätigt ebenfalls, dass das, was Kinder in ihrer Freizeit machen, einen großen Einfluss auf ihren Lernerfolg hat. Sportlich aktive Kinder entwickeln bessere kognitive Fähigkeiten und haben bessere Noten in der Schule (Kramer, 2019).

Das MuKi-Tennis soll alle diese Elemente beinhalten und Eltern und Kindern die Möglichkeiten bieten, sich mit Freude in einem tollen und sicheren Umfeld zu bewegen, um den ersten Einstieg und positive Erfahrungen mit der Ballsportart Tennis zu machen. Durch das MuKi-Tennis sollen die Kleinkinder dabei unterstützt werden, einen selbstsicheren Kontakt mit der ungewohnten Umwelt zu knüpfen. Die Brücke bildet dabei die Mutter, die engste Bezugsperson des Kleinkindes und somit auch die am besten geeignete Vermittlerin zwischen Familie und Umwelt. Natürlich kann auch der Vater oder eine andere enge Bezugsperson diese Brücke bilden. Kinderärzte, Orthopäden und Physiotherapeuten unterstützen den Sport von Eltern zusammen mit ihren Kleinkindern als gesundheitsfördernde Maßnahme, da es dem körperlichen, seelischen und sozialen Wohlbefinden dient.

Kinder lieben Bewegung und das Entdecken neuer Möglichkeiten. Durch eine vielseitige und polysportive Bewegungserfahrung können sie spielerisch ihre motorischen Fähigkeiten erfahren, testen und weiterentwickeln. Dazu braucht es keine coolen Geräte, nur etwas Fantasie, liebevolle Anleitung und begeisterte Mitspieler.

Heidi Badertscher, Physiotherapeutin FH, Klin. Spez. Pädiatrie

In den nachfolgenden Texten wird überwiegend von Mutter-Kind-Tennis, MuKi-Tennis, den Müttern, den Eltern und dem Kind oder den Kindern gesprochen. Natürlich sind damit auch die Väter und alle Angehörigen wie die Großeltern, Onkel und Tanten gemeint. Im Allgemeinen besuchen jedoch überwiegend die Mütter mit ihren Kindern das MuKi-Tennis. Aus diesem Grund und der Einfachheit halber wird mehrheitlich die weibliche Form gewählt.

Die Autorin hat die Texte und Übungen nach bestem Wissen und Gewissen und aus praktischen Erfahrungen zusammengestellt. Natürlich können Fehler nicht ausgeschlossen werden. Das Ziel der Autorin ist es, andere Trainer, Eltern und Kinder zu inspirieren, Ideen zu geben und den Kindern so zu ermöglichen, sich optimal zu entfalten und Spaß am Tennis zu haben. Jeder Leiter sollte in der Umsetzung jedoch flexibel und kreativ sein.

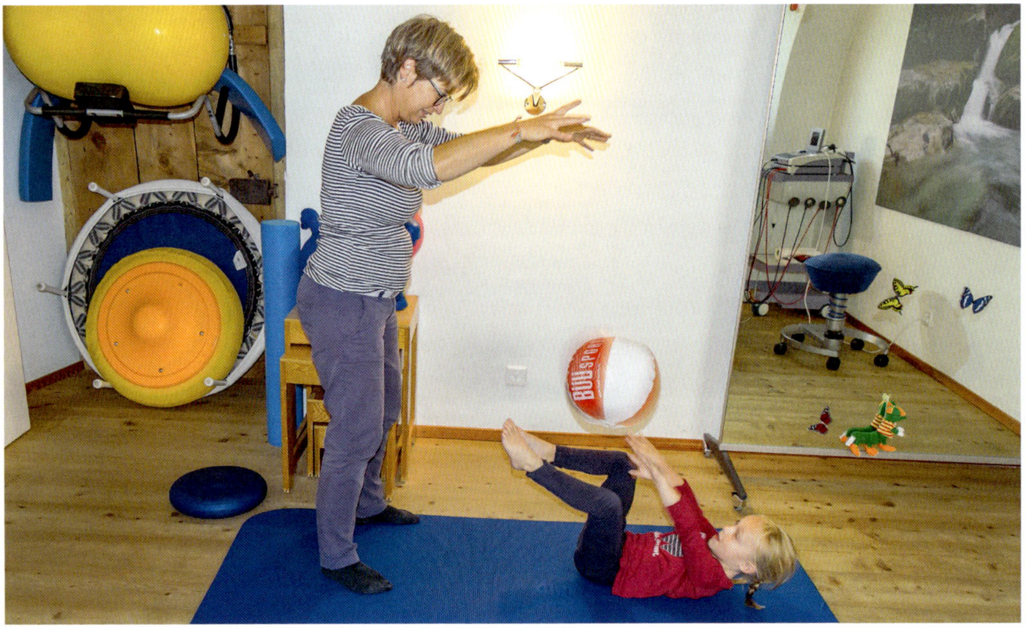

MuKi-Tennis

Die Rolle der Eltern

Das Mutter- und Kind-Tennis ist eine neue und fantastische Möglichkeit für alle Kinder, sich weiterzuentwickeln und auszuleben. Es ist der Einstieg und der erste Kontakt für die Kinder, und auch oftmals für die Eltern, mit einer Ball- und Rückschlagsportart, die auf spielerische und fantasievolle Art von Anfang an vermittelt werden soll. Schritt für Schritt gehen die Eltern und das Kind gemeinsam den Weg, bis das Kind mit 5 oder 6 Jahren bereit ist, alleine an einem Gruppen- oder Vereinstraining teilzunehmen. Aber auch wenn das Kind schon bereit wäre, alleine an einem Training teilzunehmen, MuKi-Tennis bleibt trotzdem eine tolle Möglichkeit für die Mutter und das Kind, etwas gemeinsam zu lernen und zu erleben und ihre Bindung zu vertiefen.

Die Mutter kann je nach Aufgabe mitspielen, dem Kind helfen oder im Wettkampf im Team mit ihrem Kind oder gegen ihr Kind antreten. Das Kind ist auf diese Weise gut aufgehoben und kann sich in seinem eigenen Tempo in die Gruppe integrieren. Die Mutter kennt ihr Kind und den Rhythmus des Kindes am besten. Sie weiß, wo die Grenzen des Kindes liegen, wie man es am besten motivieren oder aufbauen kann. Auf diese Weise wird der Stundenablauf für Leiter wesentlich vereinfacht, denn Kinder, die beispielsweise aufgrund ihres Alters von einer Übung genug haben, können unter der Aufsicht der Mutter weiter forschen, entdecken und ausprobieren, ohne die anderen Kinder zu stören. Die Kinder erhalten auf diese Weise eine größere Chance, sich harmonisch in allen möglichen Bereichen zu entfalten.

Was für Außenstehende nur wie „Tennis spielen mit der Mutter" aussieht, ist für die Mutter und ihr Kind viel mehr. Illmer (2019) betont, dass die Mutter für jedes Kind das Symbol der Welt ist. In der Beziehung zur Mutter entwickelt das Kind seine Beziehungen zur Welt, es erlernt ein Grundvertrauen oder Grundmisstrauen. An dem bis dahin entstandenen Grundvertrauen und dem Bonding zwischen Mutter und Kind kann das Mutter-Kind-Tennis nichts beeinflussen. Unter Bonding wird nach Illmer der Aufbau der Beziehung zwischen Eltern und Kind nach der Geburt verstanden, die idealerweise direkt nach der Geburt geknüpft wird und ein Leben lang hält. Nach der Geburt ist zwar der günstigste Zeitpunkt, emotionale Bande zu knüpfen, für das weitere Bonding gibt es aber keinen festgelegten Zeitpunkt. Jedes Mal, wenn eine Mutter ihr Kind in den Armen hält oder gemeinsame Momente verbringt, wird die Bindung zwischen beiden gestärkt.
Das übergeordnete Ziel des MuKi-Tennis ist also, das Verhältnis Mutter(-Welt)-Kind zu festigen und zu vertiefen. Während der Tennisstunde wird dieser Rahmen der Mutter-

Kind-Beziehung bewusst von Zeit zu Zeit gesprengt. Auf diese Weise können die Kinder für kurze Zeit eine Horizonterweiterung erfahren, um dann wieder zu der Sicherheit bei der Mutter zurückzukehren.

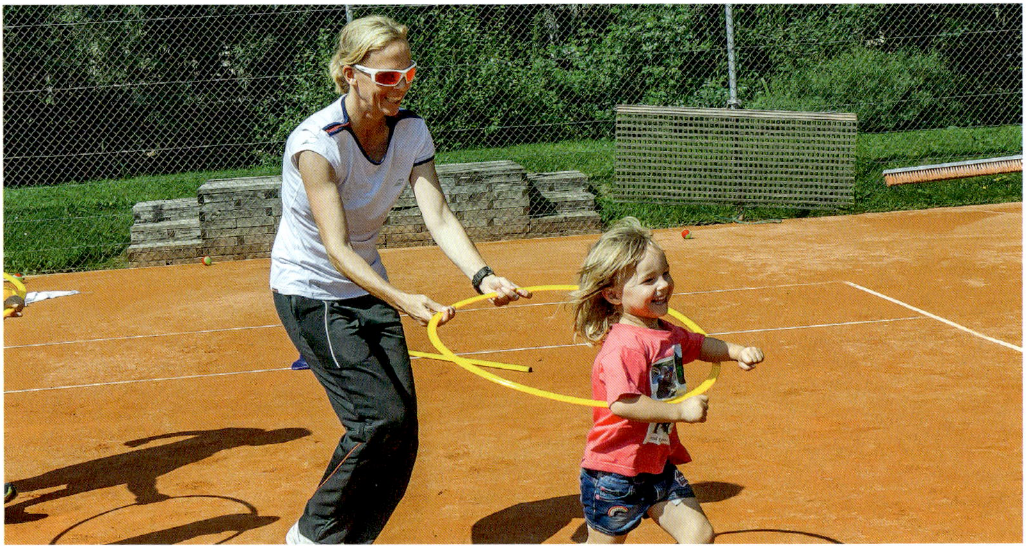

Auch der Vater baut nach der Geburt eine Beziehung zum Kind auf und kann dieses Bonding mit dem Kind durch viele gemeinsame Aktivitäten stärken. Die Vaterfigur kann Kindern im Sport besondere Vorteile bieten. Laut mehreren Studien kann der Vater als Vorbild einen großen Einfluss auf die körperliche Entwicklung haben und sowohl die emotionale Entwicklung als auch das Selbstvertrauen seines Kindes steigern. Väter können ihre Kinder dabei unterstützen, körperlich aktiver zu sein und die Liebe zu Sport und Bewegung zu entwickeln und beizubehalten.

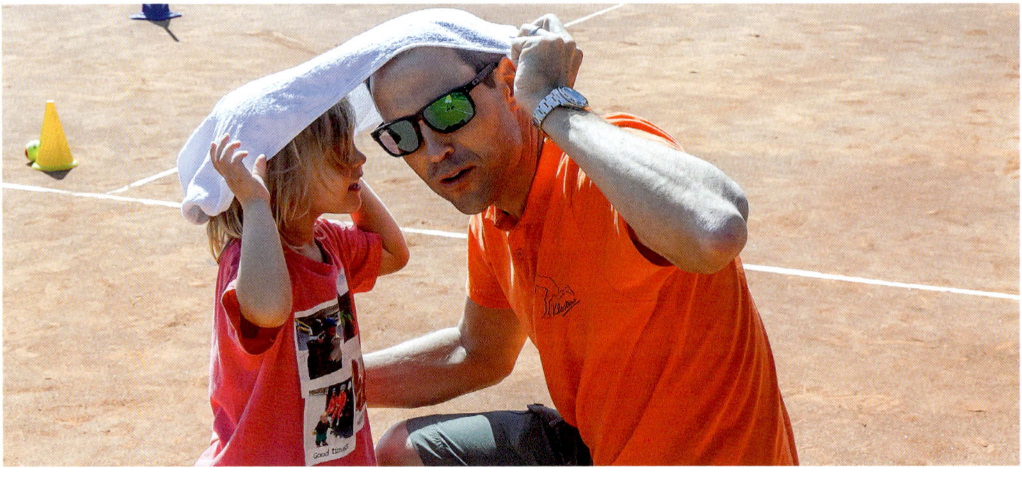

MuKis auf dem Platz

Eine MuKi-Tennis-Stunde sollte in einer lebendigen und bildhaften Sprache stattfinden und die Fantasie der Kinder anregen. Die Kinder spielen am liebsten in der Welt ihrer Fantasie und verwandeln sich in Feen, Zauberer, Tiere, Indianer, Piraten, Hexen und anderes. Offene Aufgabenstellungen geben den Kindern Raum für kreatives Verhalten. Ist die Kreativität der Kinder gefragt und gefordert, dann entwickeln sie die Fähigkeit, eigene Erfahrungen und Ideen miteinander zu verknüpfen und auszuprobieren. Unzählige variantenreiche Lösungen entstehen durch spontanes und flexibles Denken. Dies kann aber nur geschehen, wenn den Kindern ausreichend Zeit gegeben wird und sie sich ohne Zwang und Druck entfalten können. Kann ein Kind nach der Stunde mit Erfolgserlebnissen nach Hause gehen, dann wird genau an dieser Stelle der Grundstein für die Freude an der Bewegung und am Tennis geweckt und tief verankert.

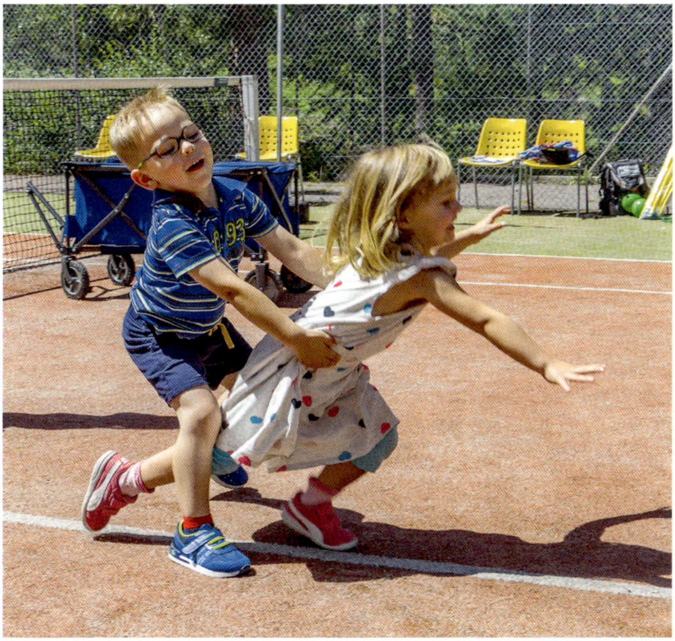

Über die Bewegung setzen die Kinder sich mit sich selbst und ihrer unmittelbaren Umgebung auseinander. Sie begreifen ihre Umwelt nicht nur mit dem Kopf, sondern vielmehr mit allen Sinnen, die ihnen zur Verfügung stehen. Spielen und Bewegung sind für sie Grundbedürfnisse, und gerade in diesem Alter besteht bei den Kindern ein hohes Interesse am kreativen Spiel. Flucht- und Fangspiele vereinen einerseits die Angst gefangen zu werden und andererseits die Freude zu jagen und andere zu fangen. Die Kinder sammeln spielerische Erfahrungen mit vielen unterschiedlichen Materialien und erleben sie durch alle ihre Sinne. Durch Spiele in der Gruppe, in denen einfache Regeln zu beachten sind, kommen die Kinder in Berührung mit Gesetzen des Zusammenlebens und sie lernen, sich in Gemeinschaften einzufügen.

Während Drei- und Vierjährige sich noch eher grobmotorisch bewegen, gelingt es den Fünfjährigen zum Teil schon dank einer besseren Haltungskontrolle, einem besseren

Gleichgewicht, elastischen Gelenken und Bändern sowie mit einem relativ belastbaren Skelett leicht, die Bewegungsqualitäten zu verfeinern, den Bewegungsreichtum und ihre Bewegungssicherheit durch differenzierte Aufgabenstellungen zu erweitern. Die Kinder in diesem Alter lassen sich gerne in der Körper- und Bewegungserziehung an ihre persönlichen Grenzen bringen und das MuKi-Tennis soll ihnen dazu Gelegenheit geben (Riz, 2008).

An dieser Stelle sollte überlegt werden, ob die Stationen und Aufgaben mit unterschiedlichen Schwierigkeitsstufen organisiert oder ob die Kinder nach Alter (3 – 4 Jahre und 5 – 6 Jahre) oder nach den jeweiligen Fähigkeiten in zwei Gruppen aufgeteilt werden. Mehr Informationen zu den kognitiven und motorischen Merkmalen in den verschiedenen Altersklassen gibt es ab S. 23 bzw. 29 ff.

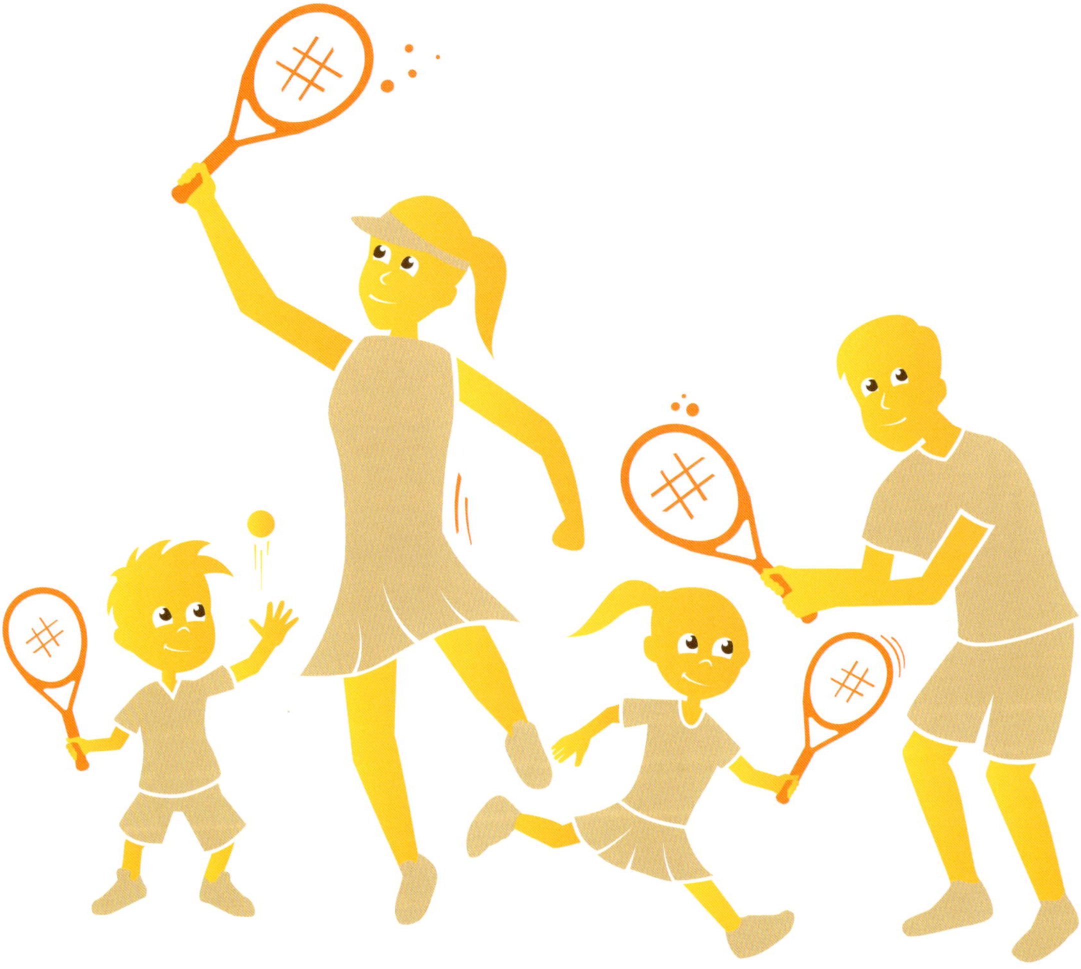

Ziele und Inhalte des MuKi-Tennis

Grundsätzlich steht beim MuKi-Tennis das Tennisspielen nicht im Vordergrund.
Im Hauptfokus steht die Entwicklung der

Persönlichkeit:

- Förderung der Gesundheit
- Unterstützung der harmonischen Gesamtentwicklung
- Befriedigung des elementaren Bewegungsbedürfnisses
- Verbesserung der Bewegungsqualität
- kreatives Handeln
- Entwicklung des sozialen Verhaltens in der Gruppe
- Vertiefung der Beziehung zur Mutter

Selbstkompetenz:

- Förderung des Selbstwertgefühls
- eigene Stärken und Handlungsmöglichkeiten entdecken und umsetzen
- Vertrauen in eigene Fähigkeiten entwickeln

Sinneserfahrungen:

- Anregung durch verschiedene Reize
- taktil, auditiv, visuell

koordinativen Fähigkeiten:

- Gleichgewichtsfähigkeit
- Reaktionsfähigkeit
- Rhythmisierungsfähigkeit
- Differenzierungsfähigkeit
- Orientierungsfähigkeit

Körperwahrnehmung:

- lernen, den Körper wahrzunehmen
- lernen, sich selber einzuschätzen

Umgang mit Material:

- Auge-Hand-Koordination
- Kraftdosierung
- Feinmotorik
- Kennenlernen von Größe, Gewicht und physikalischen Eigenschaften von Gegenständen

sozialen Kompetenzen:

- Kooperations- und Kommunikationsfähigkeit entwickeln
- zuhören, gemeinsam planen, entscheiden, Kompromisse aushandeln, gemeinsame Lösungen entwickeln, Rücksicht nehmen, sich gegenseitig helfen, Hilfe annehmen etc.
- Gruppenerlebnisse sind ein wichtiges und hervorragendes Element der sozialen Entwicklung.

kognitiven Fähigkeiten:

- spielerische Anregung zum Denken
- Förderung von Konzentration
- Sprachverständnis
- Wortschatzerweiterung

Fantasie und Kreativität:

- eigenständige Ideen entwickeln
- eigene Fähigkeiten einbringen
- alle Fähigkeiten nutzen

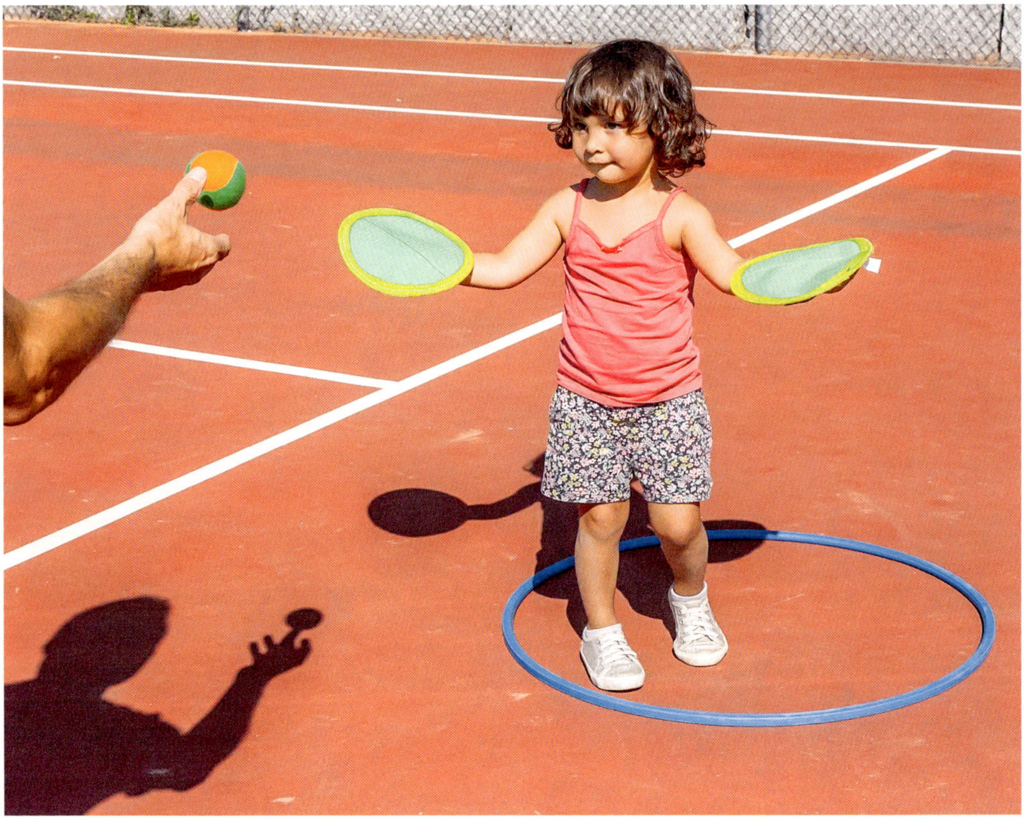

Die Grundsätze des MuKi-Tennis

Bewegungsentwicklung:

- Die Bewegungserziehung der Kinder ist die Grundlage für eine zukünftige (komplexere) Ausbildung.
- Die Kinder sollen die Welt durch Bewegung erobern und „begreifen", d. h. greifen und anfassen.
- Die Grundlage für die Kinderwelt ist eine Bewegungswelt.
- Je jünger die Kinder sind, umso mehr Bewegungsfreiraum und Freiheit zum Ausprobieren und Erforschen sollten ihnen gegeben werden.
- Kinder leben in einer anderen Vorstellungs- und Bewegungswelt, aus dem Grund ist es zu empfehlen, die Trainingseinheiten in Themen einzubetten.

Kommunikation und Korrekturen:

- Es sollte möglichst keine konkreten Vorgaben zu den motorischen und taktischen Handlungsausführungen geben.
- Die Kinder sollten Bewegungen ohne Korrekturen durch den Leiter oder die Mutter ausführen können.
- Das selbstständige Spielen und Ausprobieren kann durch Impulse in Frageform, Fantasiegeschichten, Regeln und strukturelle Festlegungen (Anzahl der Kinder, Spielfeld, Ziele etc.) bereichert werden.
- Die Kinder sollten immer wie Kinder und niemals wie kleine Erwachsene behandelt werden.
- Auch Haltung, Gestik, Mimik und Positionen der Eltern und Leiter sollten den Kindern angepasst sein.
- Die Sprache sollte immer dem Alter der Kinder angepasst sein.

Inhalt und Methodik:

- Zu dem Aufbau und dem Umgang mit Bällen und anderen Materialien kann und sollte es stimulierende Anreize geben.
- Die Ziele des Trainings müssen entwicklungsgerecht festgelegt werden.
- Es sollte permanent ein spielerischer Umgang mit vielfältigen Materialien ermöglicht werden.
- Der Inhalt sollte immer spielerisch und die Methodik kindgerecht sein.
- Ein vertrauensvoller Umgang und eine kindgerechte Gestaltung stehen im Vordergrund.
- Die Eltern sollten immer integriert und das gemeinsame Erlebnis gefördert werden, sie können ihr Kind führen und ihm Sicherheit geben.

Empfehlungen für eine Trainingseinheit

Organisation:

- Die Zeitdauer von 45 – 60 min sollte nicht überschritten werden.
- Die Teilnehmerzahl sollte maximal acht bis zehn Kinder mit Elternteil betragen.
- Es sollten immer genügend Pausen gemacht werden.
- Die Übungen können auf folgende Weise durchgeführt werden:
  - miteinander:
    - alle miteinander
    - eine Mutter mit einem Kind
    - Kind mit Kind und Mutter mit Mutter
    - Kind und Mutter mit Kind und Mutter
    - alle Kinder miteinander und alle Mütter miteinander
  - gegeneinander:
    - jeder gegen jeden
    - eine Mutter gegen ein Kind
    - Zweier-Teams: Mutter und Kind gegen Mutter und Kind
    - Zweier-Teams: zwei Kinder gegen zwei Mütter
    - alle Kinder gegen alle Mütter

Kommunikation und Korrekturen:

- Die Leiter sollten sich immer genug Zeit für Erklärungen nehmen.
- Die Erklärungen sollten einfach und klar vermittelt werden.
- Die Kinder stehen im Mittelpunkt.

Inhalt und Methodik:

- Jede Stunde sollte gut durchgeplant und zielgerichtet sein.
- Die Stunden sollten abwechslungsreich und mit (vielen) Varianten gestaltet werden.
- Jede Stunde sollte mindestens eine Übung oder Station haben, an der sich die Teilnehmer sehr aktiv bewegen.
- Es sollten in jeder Stunde attraktive Themen und Inhalte zusammengestellt werden.
- Es sollten Rituale eingeführt und konsequent beibehalten werden.
- Die implizite und explizite Förderung sollte beachtet werden:
  - implizit = komplexe Spielhandlungen, man lernt ganz nebenbei (für kleine Kinder ausreichend).
  - explizit = Spiel -und Übungsformen, um einzelne Funktionen gezielt zu fördern.
- Die Schulung des Arbeitsgedächtnisses sollte regelmäßig eingesetzt werden, kognitive Aufsetzer = Signale merken und reagieren.
- Inhibition und kognitive Flexibilität = zuvor gelernte Regeln verändern.

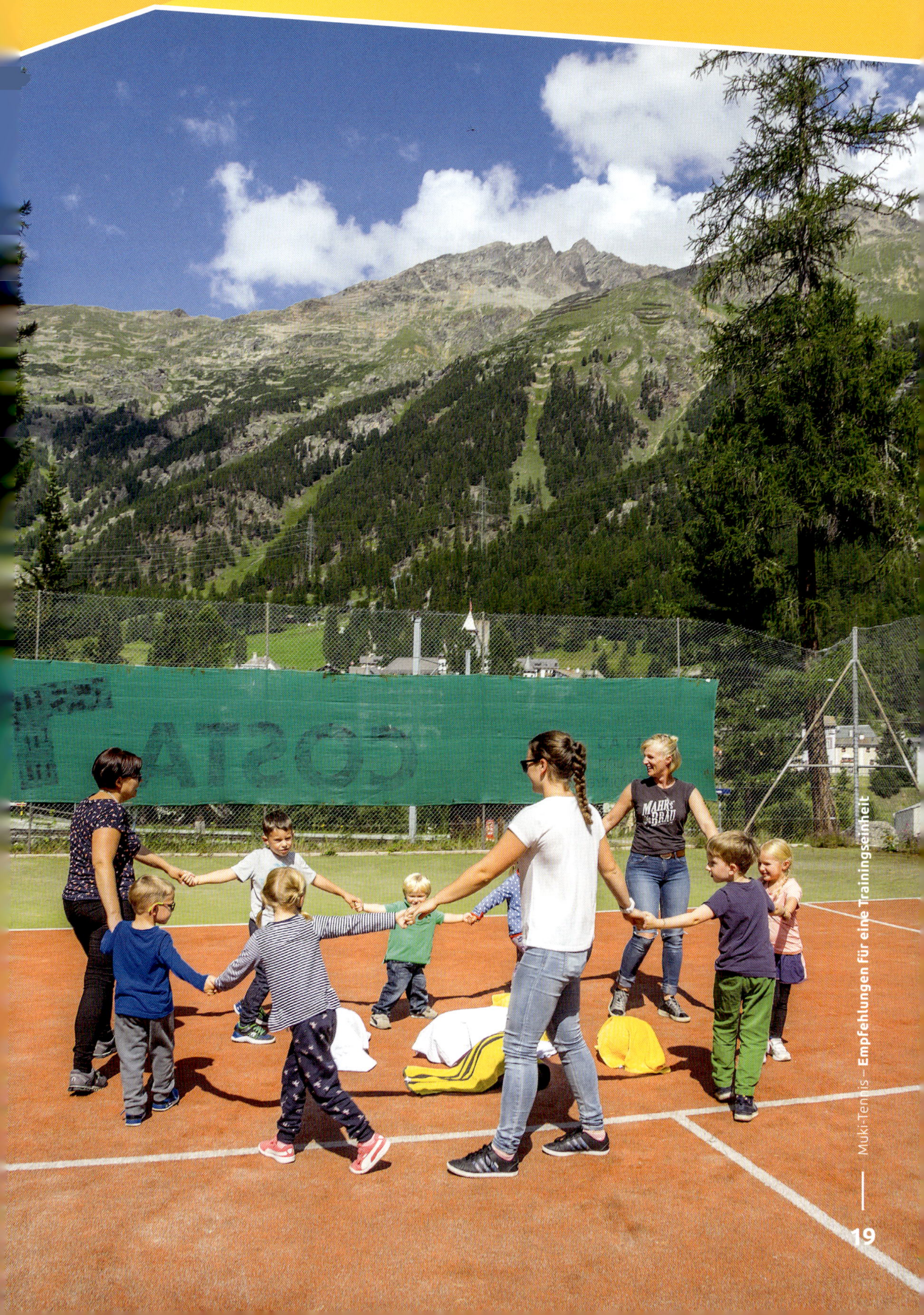
COSTA
MAHRS BRÄU

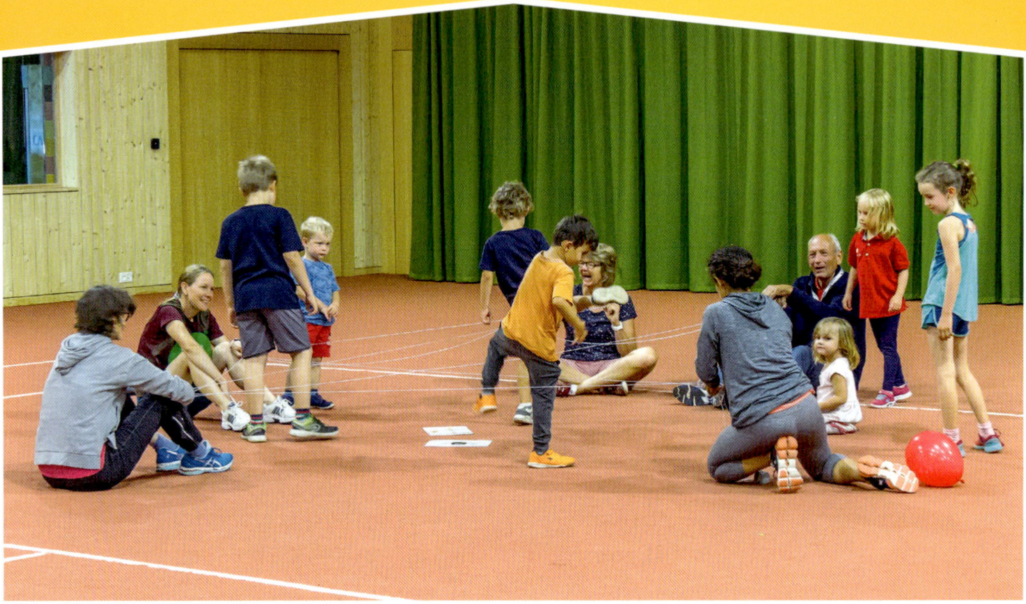

Vorteile für den Verein

MuKi-Tennis bietet für Eltern und Kinder die Möglichkeit, einen ersten Einstieg und positive Erfahrungen im Ballsport und somit auch Verein zu machen. Dieser wiederum profitiert von einem neuen Kundenkreis, welcher zu einem funktionierendem Vereinsleben beitragen kann.

Der Tennisverein bildet den zentralen Anlaufpunkt, wenn es um das Training und die Ausübung des Sports geht. Viele Vereine kämpfen gegen stagnierende und auch schwindende Mitgliederzahlen an. Um Mitglieder zu halten, zu gewinnen und zu binden, braucht es Maßnahmen, um einen erfolgreiches und funktionierendes Vereinsleben zu garantieren. Dabei ist Tennis ein Sport, der jeden in der Familie begeistern kann. Jede Altersgruppe kann mit entsprechenden Vorkenntnissen miteinander spielen, vom Jugendlichen bis hin zum Seniorenspieler. Das heißt z. B.: das Kind mit dem Elternteil oder der Jugendliche mit den Großeltern.

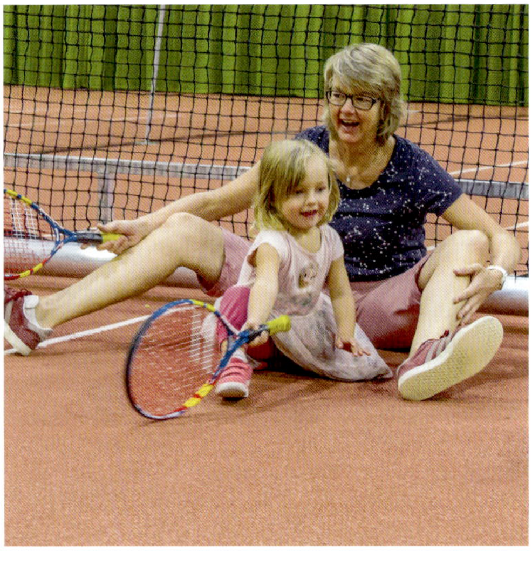

MuKi-Tennis bietet die **Chance für den Verein,** die Jüngsten mit ihren Eltern mit einem innovativen Angebot in das Vereinskonzept aufzunehmen und somit langfristig zu binden. Das Konzept ist interessant für jede Familie und ansprechend, um Neu-Mitglieder zu gewinnen. In der Organisation bietet MuKi-Tennis ein einfaches, modernes und motivierendes Programm. Es ergeben sich dadurch zwei neue Kundentypen: 1) die Kinder und 2) die Erwachsenen bzw. Familien. Erwachsene, die selbst einmal Tennis gespielt haben, kommen wieder in Kontakt mit der Ballsportart und finden in den anderen Eltern neue Spielpartner. Kinder lernen Tennis kennen und erwerben erste fundierte Kenntnisse im Ballsport. Dadurch ergibt sich ein positives Erlebnis für alle Altersgruppen. Das Ziel, eine langfristige und positive Partnerschaft mit dem Tennisclub einzugehen, kann somit erreicht werden. Innovative und spielorientierte Lernmethoden im MuKi-Tennis beinhalten eine außerordentliche Kampagne für den Verein, neue Mitglieder zu gewinnen.

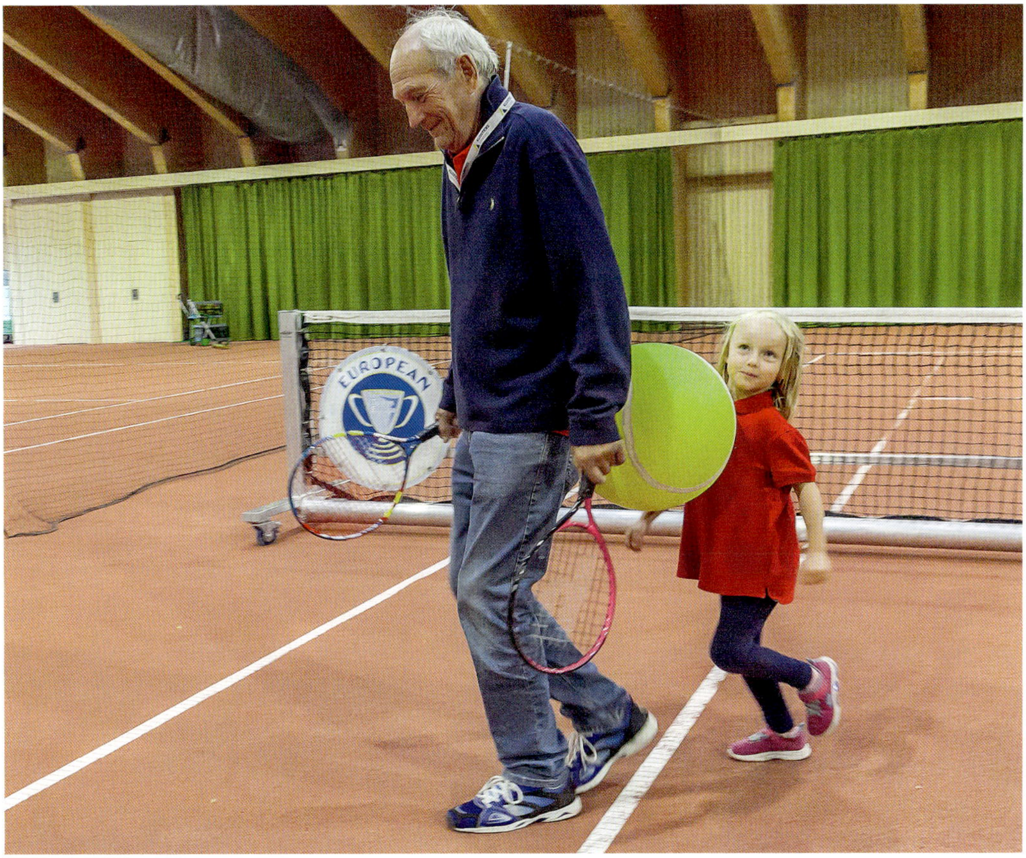

Alle Vorteile auf einen Blick:

- MuKi-Tennis ist ein attraktives Angebot für jeden Club.
- Es ist ortsunabhängig und kann in der Tennishalle, auf den Außenplätzen, auf einem Sportplatz oder in einer Turnhalle durchgeführt werden.
- Die Tennisplätze können zu Uhrzeiten belegt werden, an denen die Plätze oft leer stehen, z. B. vormittags, am frühen Nachmittag oder am Wochenende.
- Der Club kann durch das MuKi-Tennis gleich zwei Generationen neuer Clubmitglieder gewinnen, denn wenn den Eltern das Tennis mit den Kindern Spaß macht, sind sie motiviert, auch in der Freizeit selbst zu spielen.
- Kinder und Eltern können gemeinsam mit dem Tennis beginnen und sich entwickeln.
- Die Eltern lernen, wie sie selbstständig mit ihren Kindern üben können, auf diese Weise sind sie in der Lage, auch alleine mit ihren Kindern auf den Platz zu gehen.
- Die Eltern, die keine Vorkenntnisse im Tennis haben, lernen selbst die Basis des Spiels kennen.

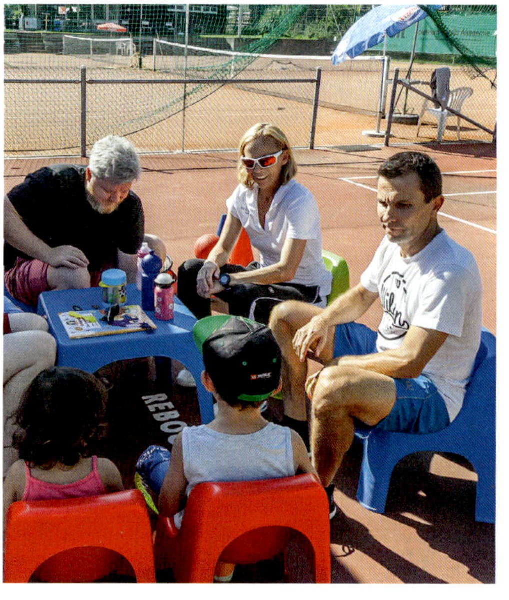

- Wenn die Eltern aktive Spieler sind oder waren, dann sind sie
  - schnell in der Lage, die Ideen des MuKi-Tennis aufzugreifen und umzusetzen;
  - interessiert daran, ihren Kindern einen optimalen Start in den Tennissport zu ermöglichen.
- Wenn die Eltern Spaß haben, dann fangen sie selbst vielleicht an, Tennis zu spielen und treten in den Club ein.
- Die Wahrscheinlichkeit ist größer, dass die Kinder beim Tennis bleiben, wenn die Eltern auch spielen.
- Die Familie kann von Anfang an am Clubleben teilnehmen.
- Kinder, deren Eltern ebenfalls aktiv im Tennis sind, bleiben länger bei der Sportart.
- Kinder, deren Eltern kein Tennis spielen, hören eher auf, wenn sie mal keine Lust haben.
- Durch die Teilnahme der Eltern können viele Kinder gleichzeitig besser betreut werden.
- Über das MuKi-Tennis können sowohl die Kinder als auch die Erwachsenen neue Kontakte knüpfen.

Einblicke in die motorische Entwicklung

Die Bewegungsentwicklung von Kindern verläuft grundsätzlich nach den gleichen Gesetzmäßigkeiten; zu welchem Zeitpunkt die Entwicklung jedoch stattfindet, kann man nicht sagen. Ein afrikanisches Sprichwort besagt, dass das Gras nicht schneller wächst, nur weil man daran zieht. Es wächst in seinem eigenen Tempo und zu seiner eigenen Zeit. Bei Kindern sollte man speziell das Erreichen von bestimmten Meilensteinen im Auge behalten und nicht nur das Lebensalter beachten. Bis sie eine motorische Fähigkeit entwickelt haben, können sich von Kind zu Kind größere Altersunterschiede herausstellen. Unter motorischen Fähigkeiten sind grundsätzlich allgemeine Kompetenzen zu verstehen, die nicht nur für einzelne, sondern für verschiedene Aufgabenlösungen bedeutsam sind. Motorische Fertigkeiten dagegen sind spezifische Leistungsvoraussetzungen, die man nur besitzt, wenn man sich diese angeeignet hat (K. Roth, C. Roth, U. Hegar, 2016).

Solange es keine Auffälligkeiten gibt, sollten Kinder nicht überfordert werden und genug Zeit haben, um ihre motorischen Fähigkeiten vielfältig zu üben und selbst die nächsten Positionen zu entdecken. Im Kleinkindalter kann man davon ausgehen, dass die heranwachsenden Kinder sich motorische Elementarformen wie Gehen, Laufen, Ziehen, Schwingen, Schieben, Stützen, Federn und andere mindestens in der Grobform erworben haben. Sie bringen diese Voraussetzungen bereits mit ins MuKi-Tennis. Auf dieser Grundlage können weitere Basisfertigkeiten wie Rollen, Springen, Werfen, Schlagen, Fangen etc. erlernt werden. Die Lernfähigkeit für solche Aneignungsprozesse ist in dem Alter sehr gut ausgeprägt.

Die motorische Entwicklung verläuft grundsätzlich von oben nach unten. Als Erstes lernt ein Kind die Kopfkontrolle, dann lernt es, die Arme und Hände zielgerichtet einzusetzen, und am Schluss kommt erst die Fortbewegung mit den Beinen. Weiter entwickelt sich die Motorik von der Körpermitte nach außen. Nach der symmetrischen Position bekommt das Kind langsam die Kontrolle über die Arme und Beine und erst danach lernt es, die Finger und Zehen zielgerichtet einzusetzen (Mock-Eibeck, 2018).

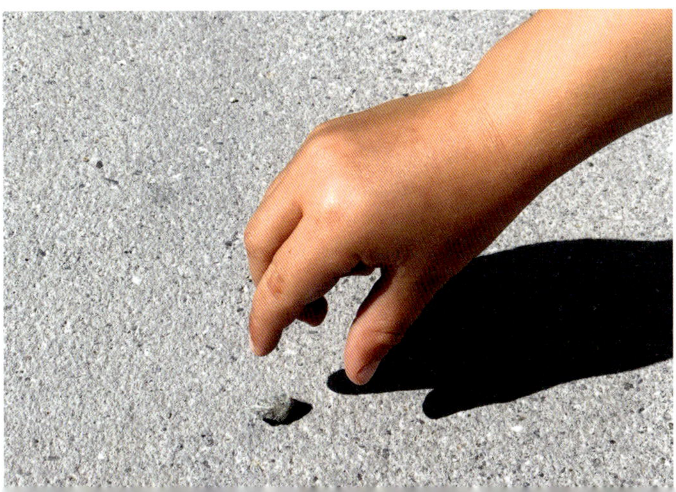

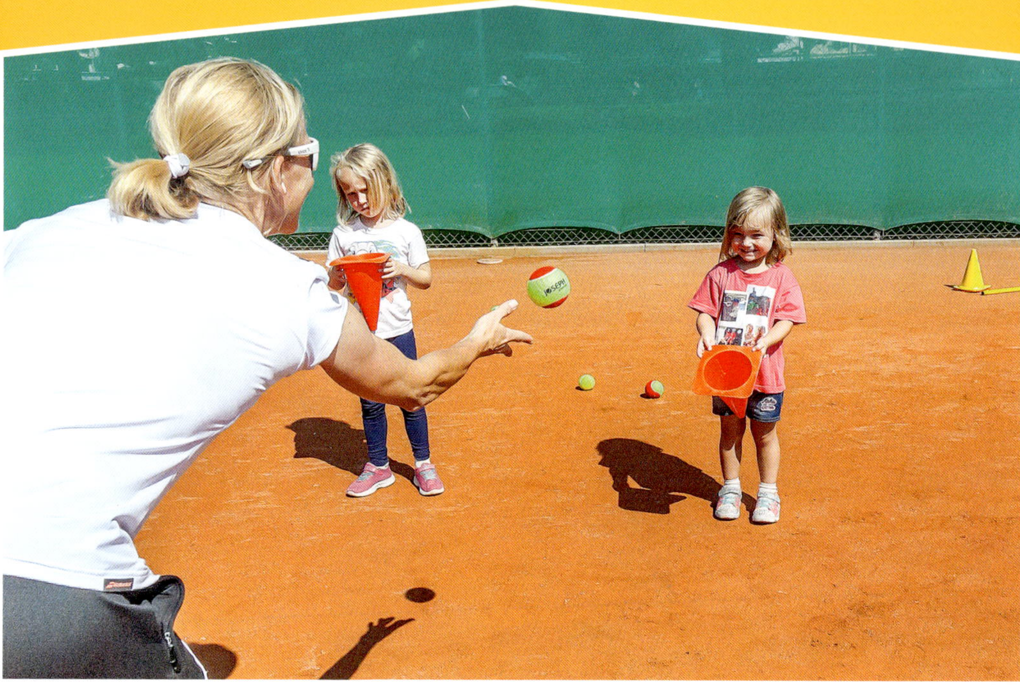

Nach Roth, Roth, Hegar (2016) stehen im Zielbereich des Trainings im Kindergartenalter das Erlernen und Optimieren von sieben motorischen Basisfertigkeiten. Das Vorhandensein dieser Elementarformen stellt eine Mindestanforderung für die erfolgreiche Teilnahme an den meisten körperlichen und sportlichen Aktivitäten dar. Nur über eine Schulung dieser Grundlagen werden später die technisch-taktischen und koordinativen Basisfähigkeiten überhaupt möglich. Die ersten beiden Basisfertigkeiten Fangen und Stoppen dienen der Ballannahme, Prellen und Dribbeln der Ballführung, Werfen, Kicken und Schlagen der Ballabgabe. In diesem Alter sollten auf keinen Fall bekannte Spieltechniken geschult werden, und es geht auch nicht um taktisches Können oder Wissen für spezielle Sportspiele. Roth, Roth und Hegar (2016) betonen ausdrücklich, dass dies nicht entwicklungsgerecht und in diesem Alter wenig Erfolg versprechend wäre.

Die sich entwickelnde Motorik ist ein Reifungsprozess, der ausgehend vom Gehirn über die Nervenbahnen die Muskeln steuert und so die Bewegungsfähigkeit und Bewegungsvielfalt ermöglicht. Eltern und Trainer sollten hier nicht zu viel Ehrgeiz und Übungen einbringen, denn das Wichtigste ist, dass das Nervensystem des Kindes genügend entwickelt ist. Viel wichtiger ist es, dass das Kind sich so oft wie möglich eigenmotiviert auf der Stufe seiner Fähigkeiten erprobt.

Im Bereich der Ballspiele können die Kinder sich in diesem Alter drei motorische Grundsteine aneignen:

1. Erkennen der Flugbahn,
2. Festlegung des Laufweges,
3. Stellung zum Ball und das Festlegen des Treffpunkts.

Die Ausbildung der koordinativen Basisfähigkeiten läuft im Kleinkind- und Kindergartenalter auf Hochtouren. Das kann man mit der frühen Reifung des Gehirns begründen, die den anderen körperlichen Wachstumsprozessen zeitlich voraus ist. Kinder verfügen bis zum Ende des Grundschulalters über mehr als 80 % ihres Endleistungsniveaus. Die koordinativen Basisfähigkeiten können in diesem Altersabschnitt extrem gut durch Training verbessert werden, und zielgerichtete Bewegungsprogramme bewirken bei Kindern fast eine Verdopplung des normalen Leistungszuwachses. Zur Entwicklung der fünf koordinativen Basisfähigkeiten nach Roth, Roth und Hegar (2016) gehören Aufgabenstellungen, die unter

- Zeitdruck,
- Präzisionsdruck,
- Komplexitätsdruck,
- Organisationsdruck und
- Variabilitätsdruck durchgeführt werden.

Auch die kognitive Entwicklung (siehe S. 29 ff.), die Sinnesentwicklung und die sozial-emotionale Entwicklung sind sehr wichtige Bestandteile für motorische Entwicklungsfortschritte. Ein Kind nimmt mit zunehmendem Alter die Umwelt differenzierter wahr, es sieht, hört, schmeckt und riecht Personen und Dinge und versucht diese zu erreichen. Alle Entwicklungsbereiche stehen in wechselseitiger Abhängigkeit und das kognitive „Begreifen" (Begreifen kommt von Greifen) entsteht demnach aus dem wahrnehmenden, motorischen Erleben (Mock-Eibeck, 2018).

Bei der Beobachtung der grobmotorischen Fähigkeiten von Kindern ist es wichtig, dass man das Zusammenspiel der beiden Körperhälften und die Körperspannung der Kinder im Blick hat. Man sollte dabei beachten, ob beide Seiten gleicht entwickelt sind und ob ein Kind eher schlaff oder angespannt wirkt. Kinder, die wenig Körperspannung haben, müssen immer eine besonders hohe Anstrengung vollbringen, um körperliche Anforderungen zu meistern, weil sie erst die entsprechende Muskelspannung herstellen müssen. Diese Kinder werden leicht als „Bewegungsmuffel" wahrgenommen. Die Kinder, die eine höhere Muskelspannung besitzen, bewegen sich grundsätzlich sehr gern.

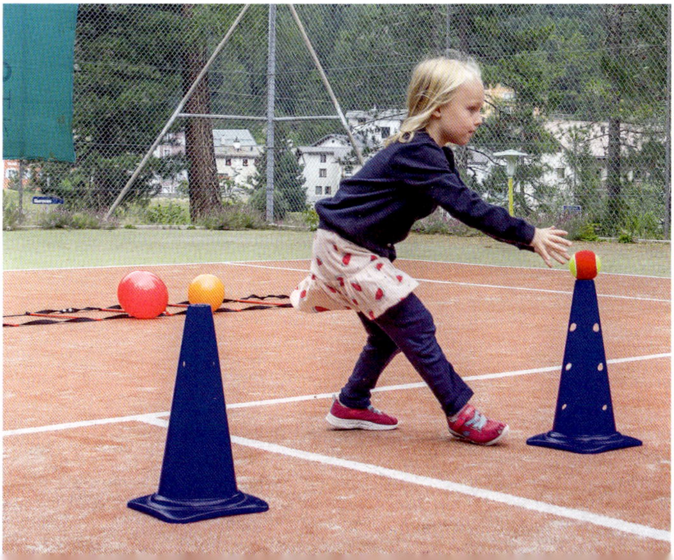

Bewegungsentwicklung im 3. Lebensjahr

Um die Inhalte für das MuKi-Tennis festzulegen, sollte sich die leitende Person mit der Bewegungsentwicklung der verschiedenen Altersgruppen beschäftigen. Aufgrund dieser Einteilung können sinnvolle Übungen ausgewählt werden, ohne dass die Kinder überfordert werden. In der folgenden Einteilung werden nur die Dinge aufgeführt, die für das MuKi-Tennis relevant sein können. Da es im Alter zwischen 2, 3 bis 5 und 6 Jahren enorme Unterschiede in der Entwicklung gibt, können die Gruppen aufgeteilt oder Stationen mit unterschiedlichen Schwierigkeitsstufen erstellt werden.

Es ergibt ebenfalls Sinn, das dritte Lebensjahr noch einmal zu unterteilen, und zwar in die Phase 1 (24. – 30. Monat) und die Phase 2 (30. – 36. Monat).

Grobmotorik-Phase 1:

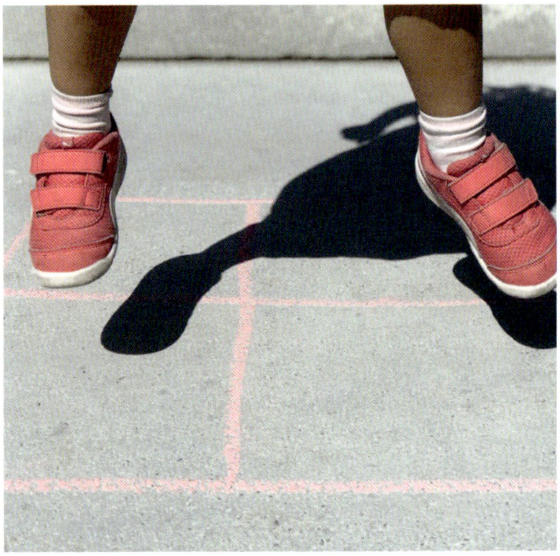

- Das Kind kann relativ sicher gehen und ein paar Meter weit rennen.
- Es kann im Nachtstellschritt Treppen laufen, ohne sich festzuhalten.
- Es kann mit Festhalten Treppen heruntergehen.
- Es kann mit beiden Beinen und flachen Füßen hüpfen.
- Es kann von unten und über Kopf Bälle in eine vorgegebene Richtung werfen.
- Es liebt Schaufeln als Hilfsmittel, Dinge umzufüllen und Sachen in Ziele/Löcher zu stecken.

Grobmotorik-Phase 2:

- Das Kind kann im Nachstellschritt Treppen heruntergehen, ohne sich festzuhalten.
- Es kann bewusst ein paar Meter weit auf den Fußballen gehen.
- Es kann längere Strecken rennen.
- Hüpfer und beidbeinige Sprünge können nun von Hindernissen aus durchgeführt werden.
- Das Kind kann mit Anlauf einen Sprung über eine Linie machen.
- Es hat genug Balance, um mit geschlossenen Augen zu stehen.
- Es kann große, weiche und langsam geworfene Bälle mithilfe des Rumpfs und der Arme fangen.
- Es liebt Schraub- und Drehbewegungen mit den Händen und Fingern.
- Langsam entwickelt sich das dreidimensionale Raumverständnis.

Bewegungsentwicklung im 4. Lebensjahr

Grobmotorik:

- Das Kind kann nun normal gehen und die Arme schwingen mit.
- Es kann Treppen selbstständig mit Fußwechsel hinauf- und heruntergehen.
- Es kann auf einer breiten Linie entlanglaufen.
- Es kann erst mit Hilfe und dann alleine balancieren.
- Es kann mehrere Hüpfer oder beidbeinige Sprünge hintereinander machen.
- Es kann für kurze Zeit auf einem Bein stehen (das dominante Bein ist besser).
- Es kann einzelne Hüpfer auf einem Bein aufführen (auch hier ist das dominante Bein besser).

Bewegungsentwicklung im 5. Lebensjahr

Grobmotorik:

- Das Kind kann nun schnell rennen und sollte 30 m in ca. 15 s schaffen.
- Es kann beidbeinig seitlich über eine Linie springen, ca. fünfmal.
- Es kann aus dem Stand mit zwei Beinen ca. 50 cm weit springen.
- Es sollte auf beiden Beinen im Einbeinstand ca. 5 s stehen können.
- Es sollte auf jedem Bein zwei Hüpfer schaffen.
- Es sollte sich ohne die Arme aus dem Schneidersitz aufrichten können.
- Es kann gut klettern, da es nun eine gute Körperkoordination der Hände und Füße besitzt.

Bewegungsentwicklung im 6. Lebensjahr

Grobmotorik:

- In diesem Alter kann das Kind balancieren und es sollte vorwärts und rückwärts mindestens 1 m im Seiltänzergang schaffen.
- Es sollte aus dem Stand ca. 20 cm hoch springen können.
- Das Kind kann nun noch schneller rennen und 30 m in ca. 10 s schaffen.
- Es kann mit beiden Beinen mehrere Sprünge hintereinander durchführen, z. B. zehn Schlusssprünge vorwärts.
- Es kann den Einbeinstand für 10 s halten (das dominante Bein ist sicherer).
- Es kann fünf einbeinige Hüpfer vorwärts durchführen.
- Das Kind sollte mindestens 10 s auf den Zehen stehen können.
- Es sollte ca. 5 m auf den Fersen laufen können.

Bewegungsentwicklung im 7. Lebensjahr

Grobmotorik:

- Die Bewegungen gehen, laufen, rennen, hüpfen, springen, klettern, schaukeln und andere sind nun automatisiert.
- Das Kind ist neugierig auf neue Bewegungsformen und entwickelt eigene Ideen und Regeln.
- Bei Bewegungsspielen kann sich das Kind nun mit anderen koordinieren, d. h. es kann mit ihnen zusammen spielen oder Zusammenstöße bewusst vermeiden.
- Das Kind verfügt über ein gutes Gleichgewicht, es kann über längere Strecken und Zeiträume balancieren.
- Das Kind kann sich gut orientieren.

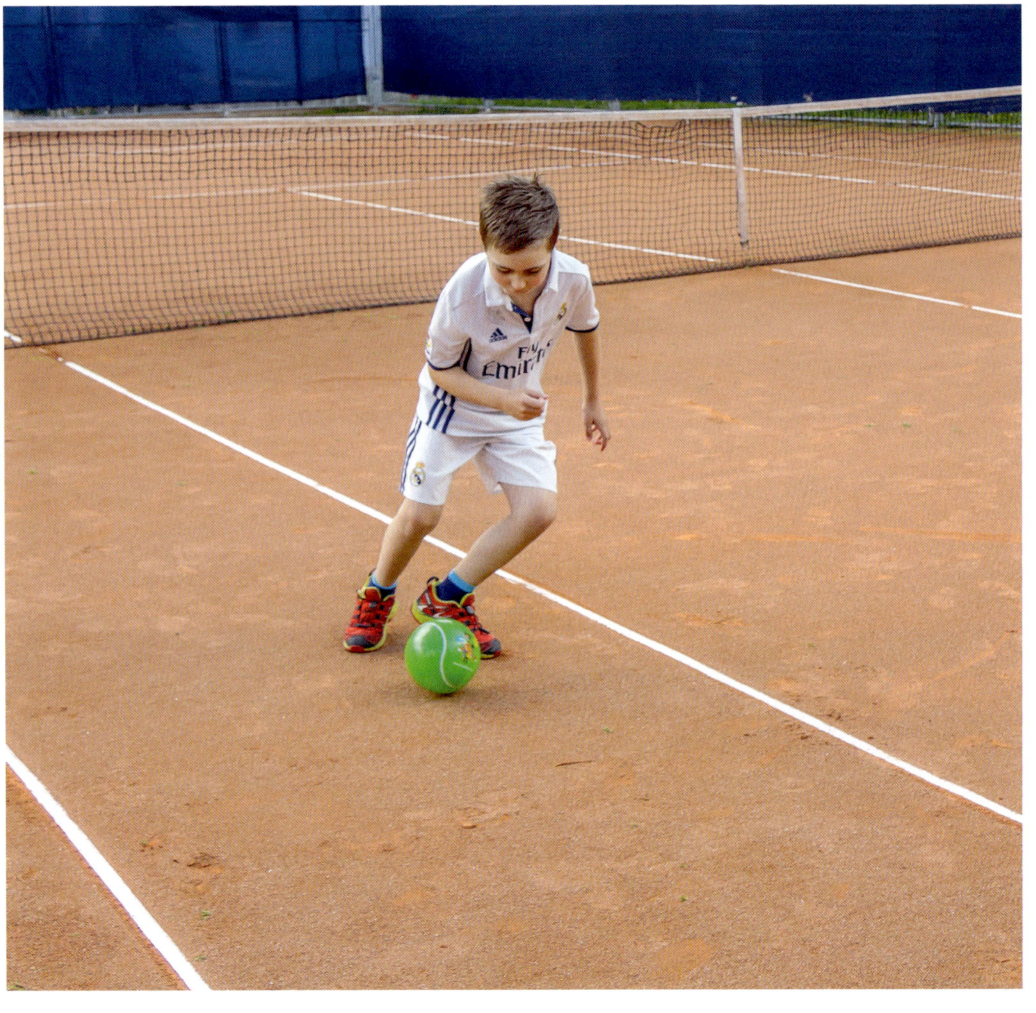

Einblicke in die kognitive Entwicklung

Die kognitive Entwicklung beinhaltet nach Mock-Eibeck (2018) vielfältige Bereiche. Die Kognition, die aus Lernen, Denken und Erinnern besteht, entwickelt sich fortlaufend und sie ist in viel größerem Maß abhängig vom Individuum in seiner Umwelt als z. B. die motorische Entwicklung. Jeder Mensch ist einzigartig und sein Wissen dementsprechend auch. Die Entwicklungsschritte in den jeweiligen Altersstufen vollziehen sich wiederum im Tempo des Kindes, sie können auch früher oder später auftreten, ohne dass dies ein Problem darstellt.

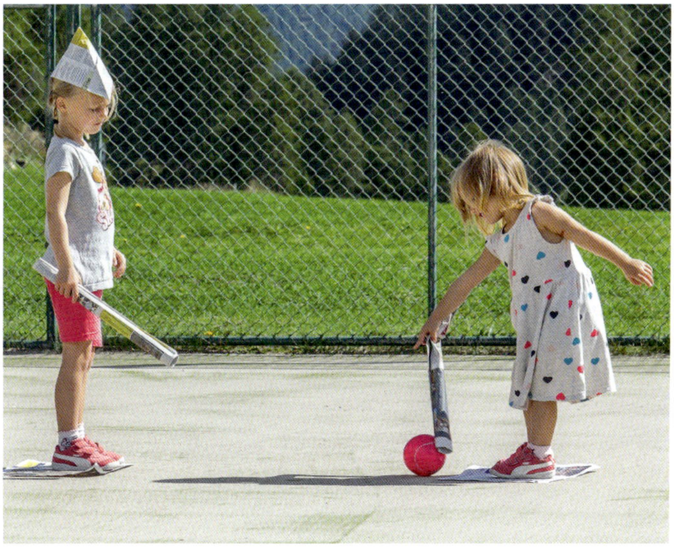

Kinder lieben es, etwas Neues zu lernen und Neues zu entdecken. Sie gehen neugierig durch die Welt, die sich ihnen bietet, und sie lernen praktisch in jeder Sekunde etwas nebenbei. Wenn man kleine Kinder beobachtet, dann kann man oft eine unglaubliche Begeisterung und Ausdauer feststellen, mit denen sie sich neues Wissen aneignen. Um die kognitive Entwicklung von Kindern optimal zu unterstützen, sollten Eltern und Leiter aufmerksam sein für das, was das Kind interessiert, und es dabei begleiten. Im MuKi-Tennis kann man beim Kind ein erstes Flämmchen entstehen lassen. Dieses kann durch eine vorsichtige Begleitung zu einem Feuer angefacht werden. Versucht man Kinder in diesem Alter zu schnell oder zu viel zu fördern, dann kann es sein, dass das Feuer durch zu große Holzscheite erstickt wird.

Die Voraussetzung für die kognitive Entwicklung von Kindern ist eine sichere Bindung zu den Bezugspersonen, die es ermöglichen, den kindlichen Entdeckergeist und ihre Erfahrungsbildung aktiv zu begleiten. Dies ist ein weiterer Grund, warum die Kinder in diesem Alter das MuKi-Tennis in Begleitung eines Erwachsenen besuchen und nicht schon alleine an einem Tennisunterricht teilnehmen sollten. Der Begriff der kognitiven

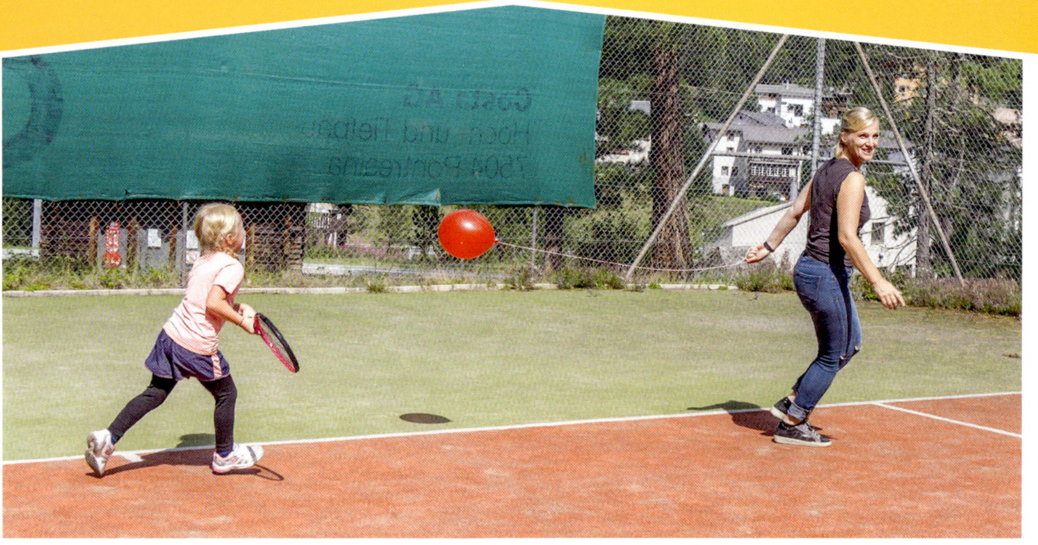

Entwicklung beschreibt umgangssprachlich die Gehirnentwicklung und bezieht sich auf das Denken, das zunehmende Wissen, die Handlungskompetenz und Problemlösekompetenz. Nach Mock-Eibeck (2018) geht es um die Gedächtnisprozesse:

- Informationen aufnehmen: wahrnehmen, beobachten etc.
- Informationen aufbewahren: ordnen, zusammenfügen etc.
- Informationen abgeben: handeln, kommunizieren etc.
- Informationen verarbeiten: denken, planen, mentales Problemlösen etc.

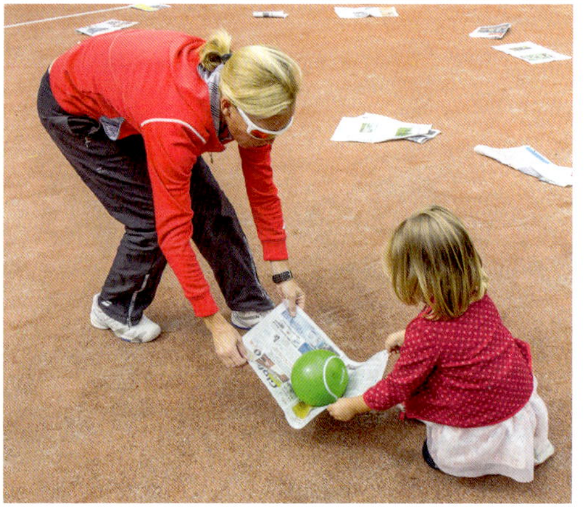

Jedes Kind bringt die Grundvoraussetzungen für die kognitive Entwicklung mit. Es verfügt über die nötigen Sinne und kann zwischen vertraut und fremd unterscheiden und speichert Erfahrungen im Gehirn, welches sich in den ersten Lebensjahren rasant entwickelt. Die Kinder sind auf ihre Bezugspersonen angewiesen, die sowohl ihre physiologischen als auch ihre psychischen Bedürfnisse befriedigen.

Wenn die Kinder lernen, geschieht dies auf unterschiedlichen Lernwegen, sie lernen am Modell, durch Versuch und Irrtum, durch Einsicht und Verstärkung. In den ersten Lebensjahren lernen sie permanent neue Dinge und meistens nebenbei, d. h. nicht intentional, weil sie es interessant finden. Ab dem Schulalter wechselt dieses nicht intentionale Lernen zum intentionalen, also planmäßigen Lernen. Aus diesem Grund sollte auch das intentionale Lernen möglichst so präsentiert werden, dass es die Kinder neugierig macht und sie sich mit Interesse damit beschäftigen.

Die Kinder

- nehmen gerne neue Herausforderungen an;
- lernen auch ohne Anleitung, sie ahmen nach, probieren aus und erkennen Handlungsmuster;
- provozieren soziale Unterstützung, indem sie Signale senden, soziale Hinweisreize verstehen und sie anwenden.

Das Wissen der Kinder entwickelt sich durch den Kontakt mit den Bezugspersonen und die Anpassung an die Umgebung. Erlebnisse, Sinneseindrücke und Erfahrungen werden ausgetauscht und abgespeichert. Das individuelle Wissen wird an verschiedenen Stellen im Gehirn abgespeichert, es wird unterschiedlich eingesetzt und auf verschiedenen Wegen gelernt.

Wissen wird zudem durch

- häufige Wiederholung,
- durch Erfahrungen mit vielen Objekten einer Gruppe,
- durch beiläufiges oder absichtliches Üben und
- durch subjektive Bedeutsamkeit gelernt und vertieft.

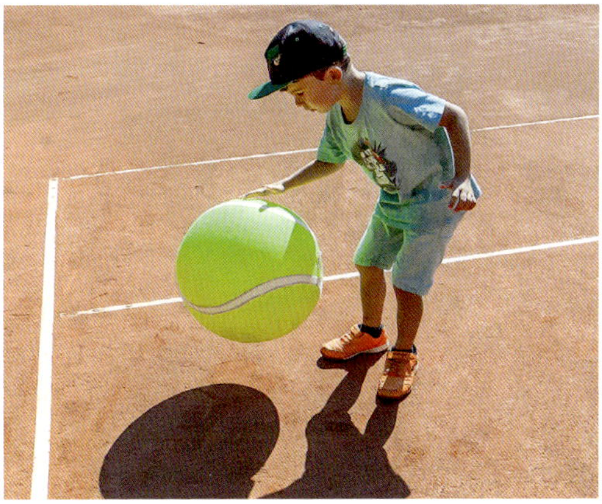

Die kognitive Entwicklung der Kinder ist jedoch viel variabler, abhängiger von Umfeld und Umwelt und wesentlich anfälliger gegenüber negativen Einflüssen als die motorische Entwicklung. Hier sollte immer bedacht werden, dass die Entwicklung natürlich fördernd oder hemmend beeinflussbar ist, sie kann nicht frei geformt werden. Die kognitive Ausstattung eines jeden Kindes ist unterschiedlich, denn jedes Kind hat andere Gene und ein anderes Umfeld, und sobald es kann, bringt es noch seine eigenen Vorlieben und Interessen in seine Entwicklung mit ein.
Ein Kind, das beispielsweise in ein sportliches Umfeld hineingeboren wird, hat wahrscheinlich viel früher die Möglichkeit, vielfältigere Kompetenzen in diesem Bereich zu erwerben, als ein Kind, das in einem musikalischen Umfeld aufwächst. Allerdings muss das Kind mit den sportlich begeisterten Eltern nicht zwangsläufig besonders sportlich sein. Es kann auch sein, dass das Kind in der musikalischen Familie extrem sportlich ist, aber die Eltern dies nicht bemerken. Die weitere kognitive Entwicklung der Kinder ist also stark davon abhängig, ob und wie die Talente des Kindes erkannt und gefördert werden.

Kognitive Entwicklung im 3. Lebensjahr

Wie schon erwähnt, wird die kognitive Entwicklung der Kinder stark von dem umgebenden Angebot beeinflusst. Jede alltägliche Anregung bietet den Kindern schon eine vielfältige Möglichkeit zum Lernen. Kinder sind von Natur aus neugierig, wissbegierig und interessieren sich für viele unterschiedliche Dinge. In den folgenden Ausführungen werden wiederum nur die Dinge aufgelistet, die für das Durchführen von MuKi-Tennis relevant sind, da sie sonst den Rahmen sprengen.

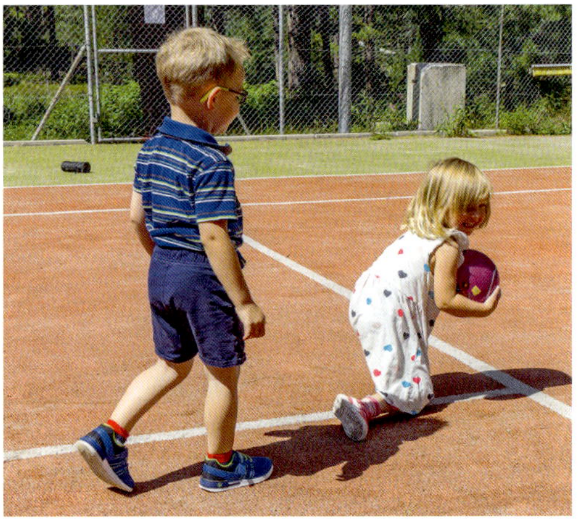

Beispiele für die kognitive Entwicklung im 3. Lebensjahr:

- Einfache Bewegungslieder als Ritual sind ideal.
- Die Kinder lernen die Farben kennen.
- Sie können Dinge ordnen und Reihen bilden.
- Die Kinder erproben gerne ihre Kreativität.
- Sie machen gerne Erfahrungen mit unterschiedlichen Materialien.
- Die Kinder erleben ihren eigenen Körper in vielfältigen Bewegungssituationen und Bewegungswelten.
- Sie lernen, gezielt Hilfsmittel einzusetzen.
- Durch Gruppenerfahrung wie Kita, Spielgruppen oder MuKi-Tennis entwickeln die Kinder Freundschaften.
- Sie erleben in der Gruppe viele Formen des sozialen Miteinanders.
- Sie lernen, viele verschiedene, aktive oder passive, Rollen einzunehmen.
- Sie erfahren Interessengleichheiten und -konflikte.
- Sie lernen demokratisches Entscheiden und autoritäres Durchsetzen kennen.
- Sie lernen friedliches Miteinander oder Streit und Versöhnung kennen.
- Sie lernen, wann sie an der Reihe sind oder wann sie abwarten müssen.

Kognitive Entwicklung im 4. Lebensjahr

Im 4. Lebensjahr spielt eine angemessene Körperwahrnehmung eine große Rolle für das Selbstvertrauen der Kinder. An dieser Stelle sollte beobachtet werden, ob ein Kind beispielsweise Anforderungen vermeidet oder sich überschätzt. Indem die Kinder lernen, eine Situation wahrzunehmen und adäquat zu handeln, können sie das Vertrauen in ihre eigenen Fähigkeiten stärken.

Beispiele für die kognitive Entwicklung im 4. Lebensjahr:

- Die Kinder fangen an zu zählen.
- Sie können Farben sicher zuordnen.
- Sie experimentieren gerne mit dem Gleichgewicht.
- Sie erproben gerne neue Herausforderungen, wie Balancieren, Klettern, Einbeinstand etc.
- Die Kinder lernen viel über sich selbst und entwickeln eine gesunde Selbsteinschätzung und Selbstkompetenz.
- Kinder lieben Rollenspiele, sie probieren gerne unterschiedliche Rollen aus.
- Die Kinder schlüpfen gerne in Fantasiewelten.
- Sie können auch schon zwischen Rollenspiel und Realität unterscheiden.
- Die Kinder lernen, ihr Verhalten zu kontrollieren.

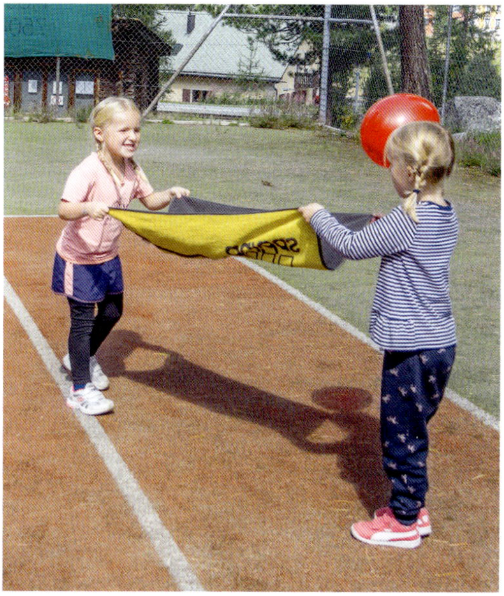

- Sie fangen an, mit anderen zu kooperieren.
- Sie fangen an zu akzeptieren, wenn ihr eigener Wunsch nicht erfüllt werden kann, und geben sich mit Alternativen zufrieden bzw. können selbst Alternativen einbringen.
- Die Kinder benötigen viel Zeit und viele Erfahrungen, um die exekutiven Funktionen zu entwickeln:
  - Das Arbeitsgedächtnis wird benötigt, um sich an Dinge zu erinnern, um zu planen und um handeln zu können.
  - Die kognitive Flexibilität wird benötigt, um auf unterschiedliche Situationen zu reagieren und unterschiedliche Perspektiven einnehmen zu können.
  - Die Inhibition ermöglicht den Kindern, spontane Handlungsimpulse zu unterdrücken.
- Exekutive Funktionen:
  - Gut ausgeprägte exekutive Funktionen haben einen großen Einfluss auf den persönlichen Schul- und Lebenserfolg.
  - Der Prozess steht in Zusammenhang mit der Hirnreifung und dauert viele Jahre.
  - Erst mit ca. 12 Jahren gelingt die Inhibition wie bei einem Erwachsenen.
  - Mit ca. 14/15 Jahren haben Jugendliche die kognitive Flexibilität eines Erwachsenen.
  - Das Arbeitsgedächtnis entwickelt sich bis ins junge Erwachsenenalter.

Kognitive Entwicklung im 5. Lebensjahr

Beispiele für die kognitive Entwicklung im 5. Lebensjahr:

- Die Kinder lernen, sich in längeren und zusammenhängenden Äußerungen mitzuteilen.
- Sie verstehen nun dreiteilige Anweisungen.
- Sie können nun die Zahlen praktisch anwenden.
- Die Kinder verstehen, dass Dinge aus verschiedenen Perspektiven auch verschieden aussehen.
- Die Kinder können mit der richtigen Anregung über beobachtete Phänomene nachdenken, es können Dialoge initiiert werden:
  - Was denkst du, warum ist der Ball …?
  - Wie wäre es, wenn …?
  - Stell dir mal vor …!
- Die Kinder versuchen gerne, Werkzeuge und Material sachgerecht zu benutzen.
- Kreatives Gestalten bekommt mehr Bedeutung.
- Die Kinder entwickeln zunehmend ein Verständnis für andere Blickwinkel.
- Die Kinder können Emotionen ausleben und aussprechen.
- Sie haben Worte für verschiedene Gefühlszustände und zeigen Empathie und Einfühlungsvermögen.

Kognitive Entwicklung im 6. Lebensjahr

Beispiele für die kognitive Entwicklung im 6. Lebensjahr:

- Im 6. Lebensjahr geht alles darum, die Welt zu erfassen.
- Die Sprachentwicklung ist fast abgeschlossen.
- Die Kinder können komplette Geschichten wiedergeben.
- Sie können Buchstaben erkennen und Objekte sicher zählen.
- Die Kinder können komplexere koordinative Anforderungen meistern.
- Die Kinder suchen und finden Lösungen für die unterschiedlichsten Anforderungen aufgrund früherer Erfahrungen.
- Sie können sich in die Lage eines anderen hineinversetzen und mitfühlen.
- Sie können andere gezielt unterstützen, aber auch schädigen – an dieser Stelle brauchen sie positive Beispiele, um diese in positiver Weise nachzuahmen.
- Die Kinder erwerben die Fähigkeit, bewusst zu schwindeln und zu täuschen, anfangs ist dies ein spannendes Spiel.

Kognitive Entwicklung im 7. Lebensjahr

Beispiele für die kognitive Entwicklung im 7. Lebensjahr:

- Im siebten Lebensjahr geht es weiter darum, die Welt zu erfassen.
- Der Wortschatz der Kinder entwickelt sich weiter.
- Die Kinder können mehrteilige Aufträge verstehen und ausführen.
- Die Kinder können Sportarten mit großer Geschicklichkeit ausführen.
- Sie entwickeln Ballgefühl und Körperbeherrschung.
- Die Kinder nehmen sich gern als Teil einer Gruppe wahr und reagieren auf Aufforderungen an die Gruppe.
- Die Kinder werden selbstständiger und können viele Dinge alleine unternehmen.
- Die Kinder sollten Vertrauen in ihre Fähigkeiten und ihr Wissen haben und ihre eigenen Ideen äußern.
- Die Kinder können mit Konflikten umgehen und konstruktiv zur Lösung beitragen.
- Die Kinder können akzeptieren, dass sie nicht immer drankommen, sondern auch mal abwarten müssen.
- Sie akzeptieren, dass jedes Kind unterschiedliche Fähigkeiten hat.
- Das Interesse von Kindern in diesem Alter an Lerngegenständen kann nachhaltig durch interessiertes Teilhaben/Nachfragen gefördert werden.

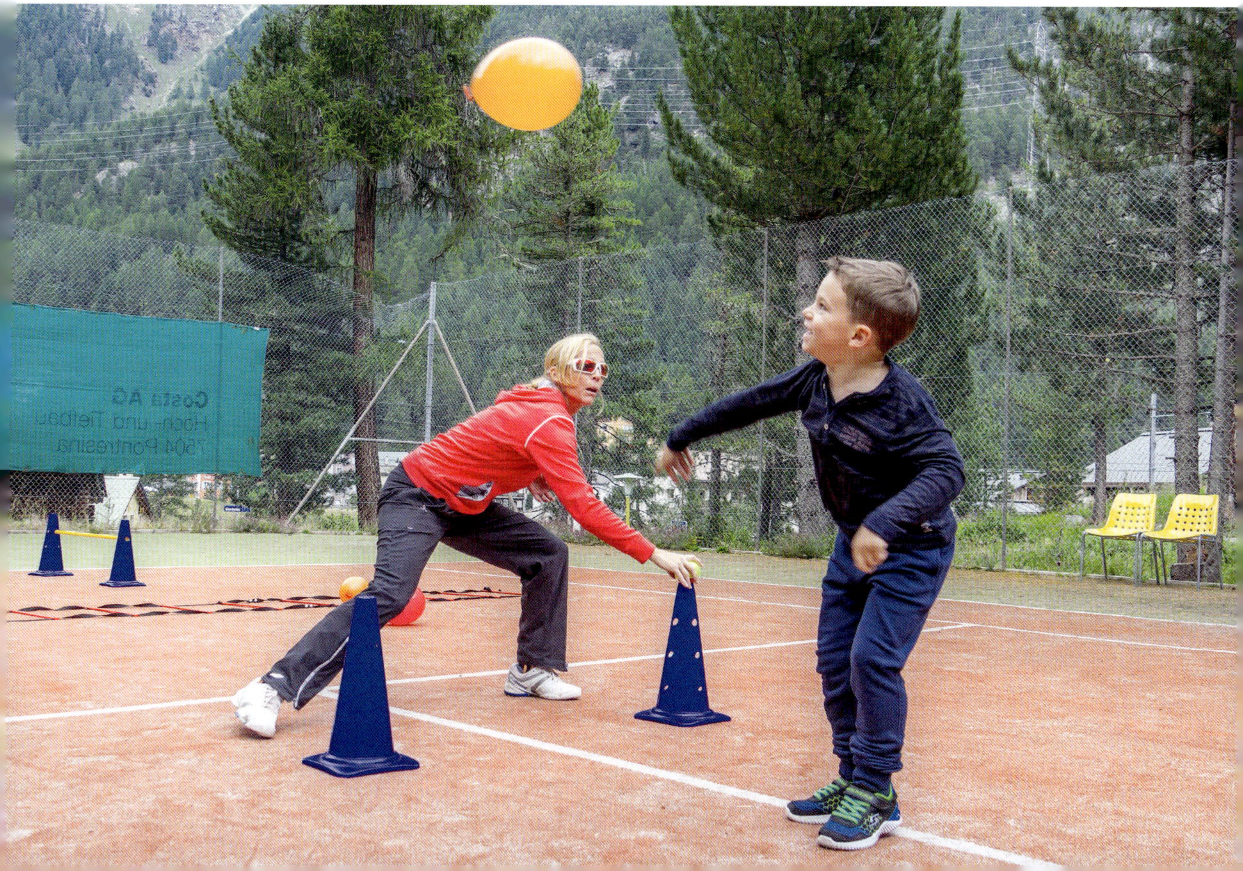

Tipps für die Praxis

Vor der Stunde

Vorankündigung des Kurses:

- Als Vorbereitung für einen MuKi-Tennis-Kurs kann eine Informationsveranstaltung organisiert werden.
- Bei der Informationsveranstaltung können die Eltern informiert werden, wie wichtig es ist, dass sie an der Stunde aktiv teilnehmen.
- Es kann auch ein Schreiben mit den Vorteilen verfasst werden.
- Es ist zu empfehlen, eine Gruppe (per E-Mail oder WhatsApp) zu gründen. Einen Tag vor dem Training kann der Leiter das Training mit der Uhrzeit und dem Thema ankündigen. Damit steigt die Vorfreude und die Teilnehmer werden positiv „abgeholt". Alle Teilnehmer wissen, dass das Training nun sicher stattfindet. Die Kinder können sich zum Beispiel dem Thema entsprechend verkleiden, wenn sie Lust haben.

Vorbereitung:

- Jede Stunde sollte schriftlich vorbereitet werden.
- Die einzelnen Übungen können notiert oder ausgedruckt werden.
- Beim Training an Stationen können Bilder für jede Station ausgedruckt oder gemalt werden.
- Für jede Übung sollte die Organisationsform festgelegt werden.
- Die Übungen können beliebig zusammengestellt werden.
- Die Übungen können dem Stand der Gruppe nach erleichtert oder erschwert werden.
- Es sollte immer vor dem Training festgelegt werden, welche und wie viele Übungen
  - alleine,
  - als Partnerübung mit Mutter-Kind,
  - als Partnerübung zwischen zwei Kindern,
  - als Wettkampf mit der Mutter,
  - als Wettkampf gegen die Mutter,
  - als Wettkampf aller Kinder gegen alle Mütter
  - oder als Gruppenübung für alle stattfinden.

Material:

- Vor der Stunde sollte das Material bereitgelegt werden:
  - Das Material, das in diesem Buch verwendet wird, ist entweder leicht zu erwerben, einfach zu beschaffen oder es ist das Material, was ein normaler Trainer zur Verfügung haben sollte.

- Es wird davon ausgegangen, dass die Leiter einer Stunde das übliche Material eines Tennistrainers zur Verfügung haben.
- In der Stundenplanung wird hier nur zusätzliches benötigtes Material aufgeführt.
- Material aus einer Turnhalle wird in diesem Buch nicht aufgeführt, da dies nicht jedem Trainer zur Verfügung steht.
- Falls die Stunde in einer Turnhalle durchgeführt wird, kann und sollte dort natürlich das vorhandene Material ausgenutzt werden.

Gruppenregeln:

- Vor oder bei dem ersten Training sollten die Regeln für die Gruppe festgelegt werden.
- Eine Kleider- und Schuhregel gilt für alle, Mutter und Kind.
- Jede Mutter soll das komplette Training über mit dem Kind zusammen auf dem Platz sein und aktiv mitmachen.
- Als Leiter sollte man sich möglichst nicht um ein einzelnes Kind kümmern müssen (wenn die Mutter nicht kann), sondern den Fokus auf die ganze Gruppe legen können.
- Mutter und Kind sind ein Team, wenn die bzw. das eine nicht kann, dann können beide nicht kommen.
- Die Kinder sollten zwischen 3 und 6 Jahren alt sein. Jüngere können mitmachen, wenn sie unbedingt wollen und motorisch und geistig weit genug entwickelt sind. Unter der Aufsicht der Mutter sollte dies möglich sein.

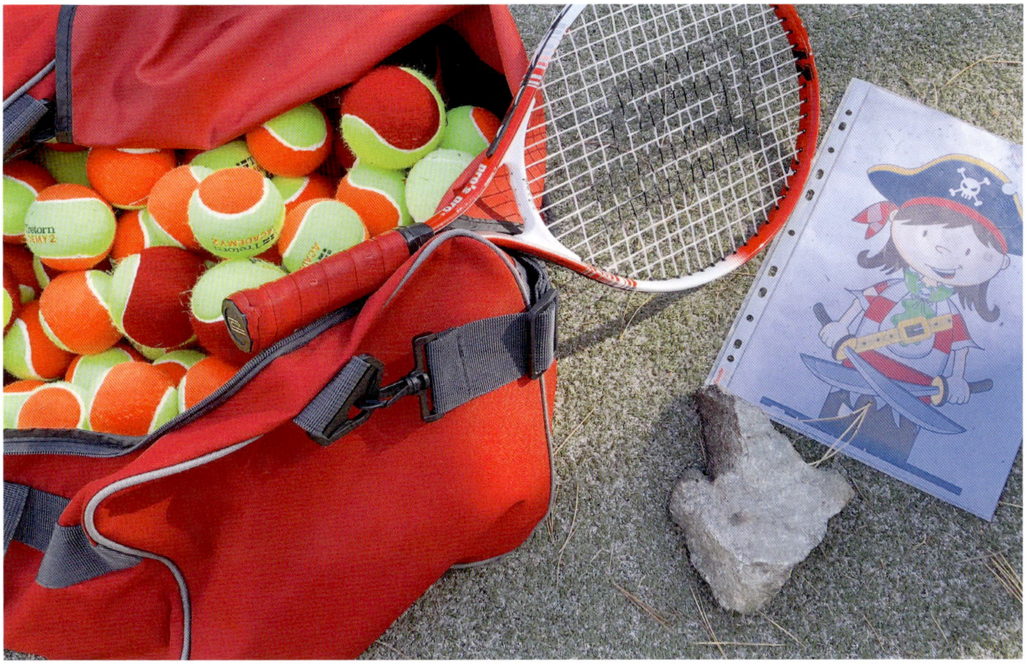

Auf dem Platz

Begrüßung & Ritual:

- Zu Beginn einer jeden Stunde eignet sich ein Begrüßungsritual oder ein gemeinsames Lied.
- Das Thema wird angekündigt und/oder das Ziel der Stunde.
- Die erste Übung der Stunde kann dem Einstimmen und Aufwärmen dienen und beispielsweise eine Gruppenübung für alle gemeinsam sein. Die Gruppe kann so miteinander in Kontakt kommen und fröhlich und gelöst loslegen.
- Danach können verschiedene Aufgaben gestellt oder ein Training an Stationen durchgeführt werden.

Inhalt & Methode:

- Alle Aufgaben sollten so gestellt werden, dass ein guter Wechsel in der Belastung von Mutter und Kind besteht.
- Die Übungen sollten nicht zu lange gehen und der Ort regelmäßig gewechselt werden.
- Die Aufgaben sollten immer so gestellt werden, dass alle beschäftigt sind.
- Wettkämpfe fördern die Motivation:
  - Wer ist am schnellsten fertig?
  - Wer kann das zehn- oder zwanzigmal?
  - Welches Paar ist schneller?
  - Ist das Kind oder die Mutter schneller?
- Die Mutter kann beispielsweise mitklatschen, wenn das Kind eine Aufgabe erledigt.
- Alle sollen aktiv zur Gestaltung der Stunde beitragen. Es können Zusatzaufgaben verteilt werden:
  - Zwei Mütter sind Schiedsrichter und zwei Kinder spielen und umgekehrt.
  - Zwei sammeln und zwei spielen.
  - Teilnehmer haben oft gute Ideen, die aufgegriffen werden können.
  - Das Tempo bei Übungen kann und sollte variiert werden, mal wird die Übung langsam und sehr korrekt ausgeführt, beim nächsten Mal so schnell wie möglich.
  - Auch der Krafteinsatz bei einer Übung kann variiert werden. Einmal wird ganz sanft gespielt, beim nächsten Mal so schnell, wie es geht.
  - Die Mütter müssen sich immer dem Tempo ihrer Kinder anpassen. Sie sollten sie nie mitzerren, nur um zu gewinnen.

Kommunikation & Korrekturen:

- Als Leiter sollte man immer alle Teilnehmer im Blick haben.
- Die Sprache sollte laut und deutlich und verständlich sein.
- Spricht man mit einem Kind, sollte dies auf gleicher Augenhöhe stattfinden.
- Während der Erklärungen oder Demonstrationen sollten alle still und aufmerksam

sein. Es ist zu empfehlen, dass die Kinder beim Erklären im Nest der Mutter (im Schneidersitz) oder zwischen den Beinen sitzen. Diese Position gibt beiden einen guten Kontakt und sie fühlen sich beim Zuhören wohl.

- Demonstrationen sollten korrekt und in Echtzeit vorgeführt werden. Vorzeigen und Erklären sollten sich abwechseln.
- Korrekturen sollten immer positiv formuliert und aufbauend sein.
- Die Teilnehmer sollten gelobt und bestätigt und möglichst oft persönlich angesprochen werden.

Abschluss & Ritual:

- Zum Schluss der Stunde kann noch eine Gruppenübung oder eine Übung zum Ausklang durchgeführt werden.
- Den Abschluss bildet ein Abschiedsritual oder ein gemeinsames Lied.

Nach der Stunde

- Der Leiter kann sich bei den Teilnehmern ein Feedback abholen.
- Kinder und Mütter dürfen aussprechen, was ihnen gefallen hat und was nicht. Die Erfahrungen daraus können für die nächsten Stunden genutzt werden.
- Oft sieht man auch an der Körpersprache, ob die Mütter und Kinder glücklich vom Platz gehen oder nicht.
- Überlegungen für zu Hause:
  - War die Stunde erlebnisreich?
  - War die Stunde intensiv genug?
  - Wie war das Verhältnis von Mutter zu Kind?
  - Ist die Gruppe zusammengewachsen oder müssen mehr Gruppenübungen eingeführt werden?
  - Hat den Teilnehmern das Thema gefallen?
  - Was war sonst noch gut oder nicht so gut?
- Einen oder zwei Tage nach dem Training können die Teilnehmer an die tolle Stunde erinnert werden, indem man ihnen ein paar Fotos oder ein zusammengeschnittenes Video der Stunde schickt.

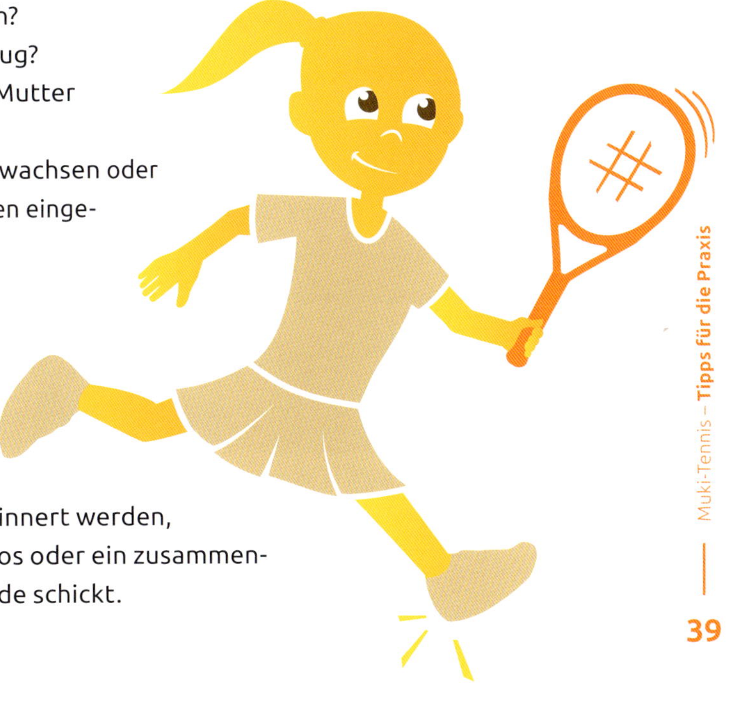

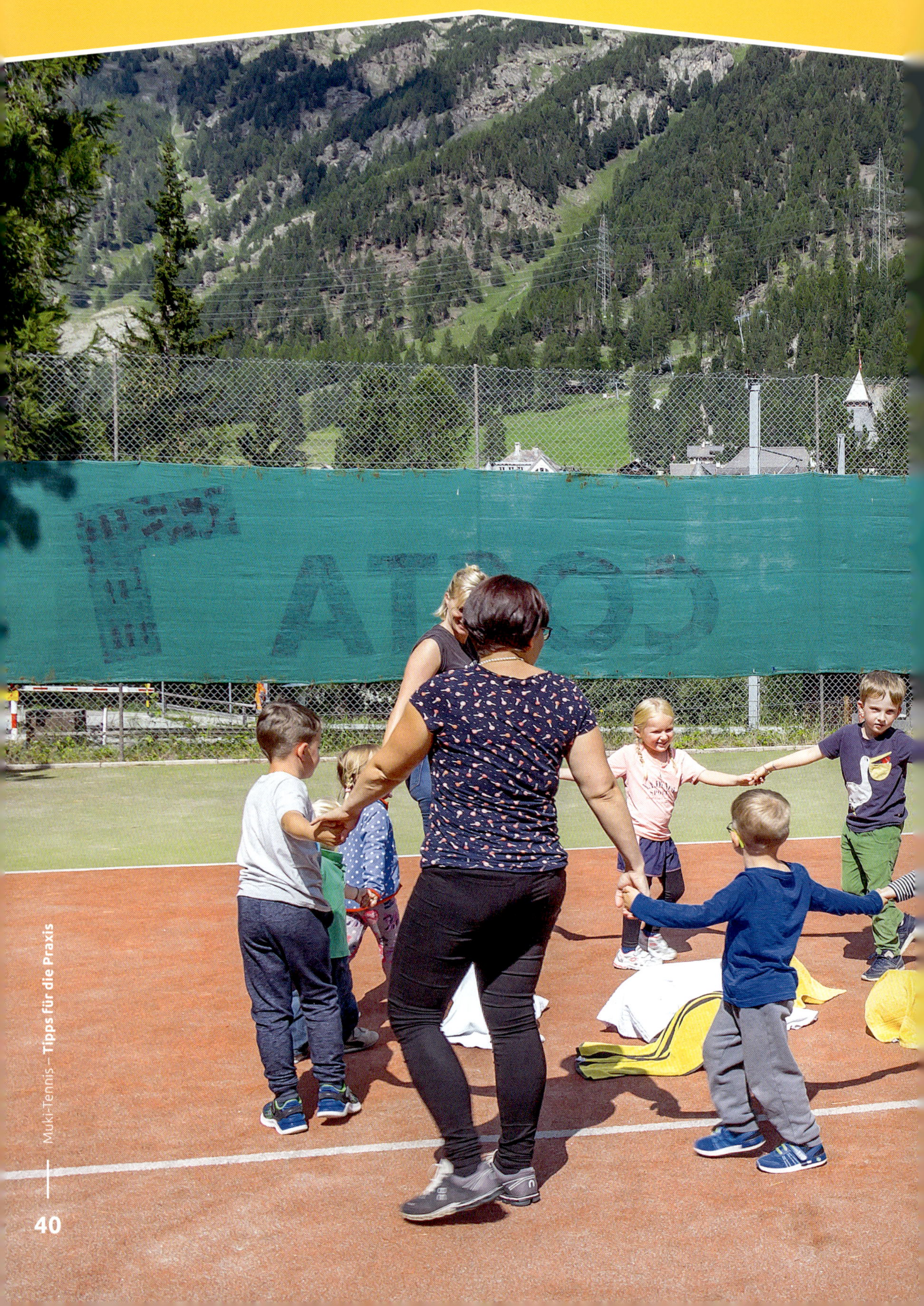

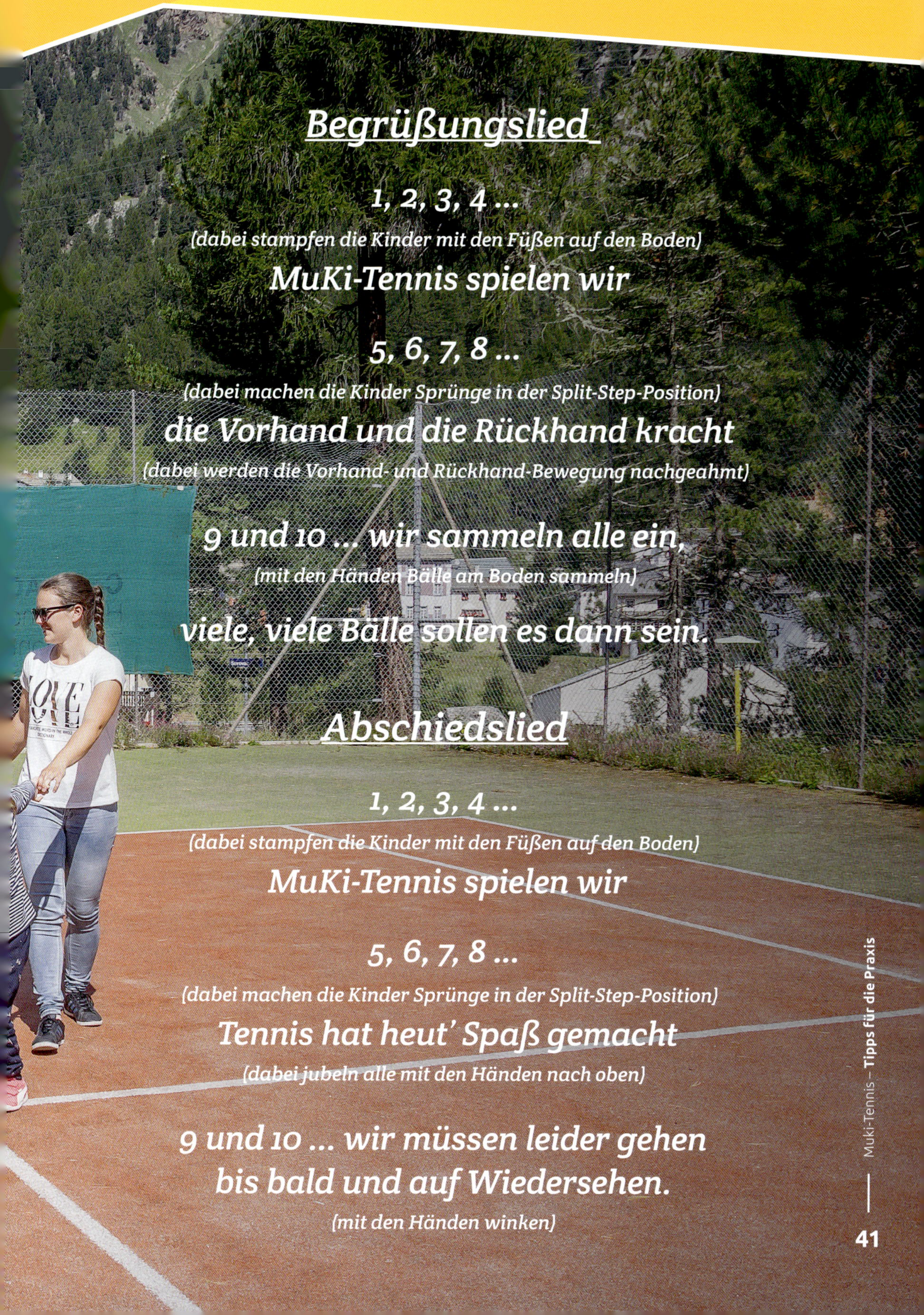

Begrüßungslied

1, 2, 3, 4 …

(dabei stampfen die Kinder mit den Füßen auf den Boden)

MuKi-Tennis spielen wir

5, 6, 7, 8 …

(dabei machen die Kinder Sprünge in der Split-Step-Position)

die Vorhand und die Rückhand kracht

(dabei werden die Vorhand- und Rückhand-Bewegung nachgeahmt)

9 und 10 … wir sammeln alle ein,

(mit den Händen Bälle am Boden sammeln)

viele, viele Bälle sollen es dann sein.

Abschiedslied

1, 2, 3, 4 …

(dabei stampfen die Kinder mit den Füßen auf den Boden)

MuKi-Tennis spielen wir

5, 6, 7, 8 …

(dabei machen die Kinder Sprünge in der Split-Step-Position)

Tennis hat heut' Spaß gemacht

(dabei jubeln alle mit den Händen nach oben)

9 und 10 … wir müssen leider gehen
bis bald und auf Wiedersehen.

(mit den Händen winken)

MuKi-Tennis-Stunden

MuKi-Tennis

Themen

Spinne
Mistkäfer
Delfin
Ritter und Prinzessin
Handwerker
Wikinger
Zeitung
Ballon
Piraten
Regen und Sturm
Schwimmen
Eisdiele
Schnee
Barfuß-Park
Grand Slam

Thema Spinne

Zielsetzung:

- vielfältige Bewegungsmöglichkeiten und Materialerfahrungen
- Bälle über und unter die Netze rollen, spielen, fangen und werfen
- Hindernisse wahrnehmen, einschätzen und bewältigen
- viele mögliche Bewegungsimpulse und Hilfestellungen
- Förderung der sozialen Kompetenz mit anderen Kindern
- spielerischer Umgang mit Tennisschläger und Luftballon
- Einführung in Vorhand- und Rückhand-Bewegung

Material:

Niedliche Bilder von Spinnen zum Ausdrucken, Wollknäuel, Paketband oder Tennisbälle, die mit Schnüren umwickelt sind

Hinweis zur Stunde: Übung 1 ist eine Gruppenübung, die Übungen 2 bis 6 können als Stationen aufgebaut oder mit allen gemeinsam durchgeführt werden.

Einstieg:

Als Erstes wird das Begrüßungslied vorgezeigt und mehrmals durchgeführt. Danach wird das Thema besprochen und die Bilder zu dem Thema gezeigt. Heute wird gefragt, was die Kinder und Mütter über Spinnen wissen, welche Aufgaben sie haben und warum sie nützlich sind. Da viele Menschen Angst vor Spinnen haben, sollten möglichst niedliche Bilder gezeigt werden, damit das Thema von Anfang an positiv aufgenommen wird. Spinnen ziehen Fäden und bauen daraus ein Spinnennetz, sie haben acht Beine und sie können damit überall hochklettern etc.

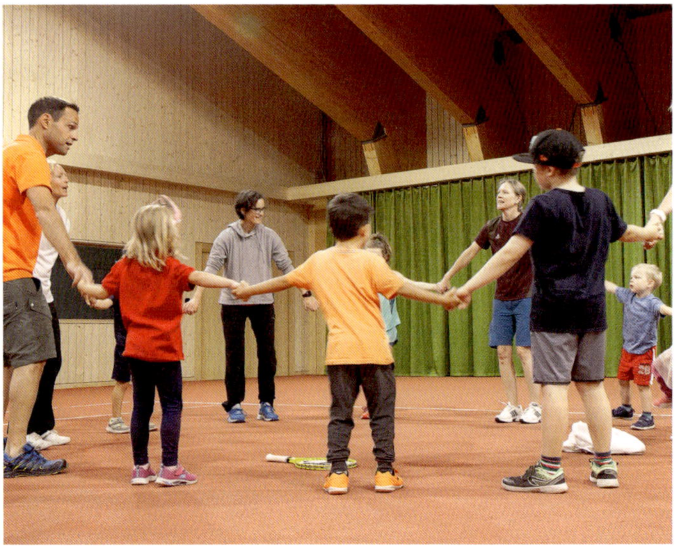

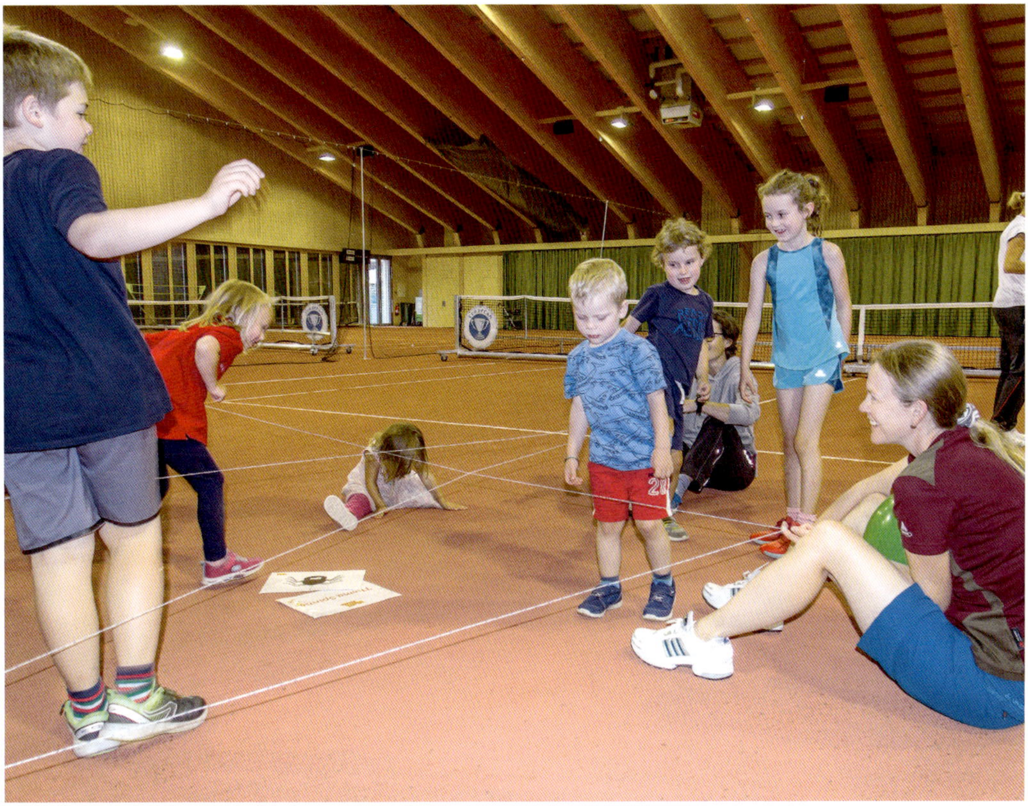

Übung 1: Spinnennetz

Zum Kennenlernen sitzen die Kinder und Mütter im Kreis. Die Mütter halten und werfen sich ein Wollknäuel oder einen Tennisball, der mit einer Schnur umwickelt ist, gegenseitig zu. Immer wenn eine Mutter das Knäuel wirft, muss sie die Schnur einmal um einen Finger wickeln und sagen: „Mein Kind heißt … und ist eine kleine Spinne und kann ganz toll klettern." Das Kind soll dann auf allen vieren einmal im Kreis über oder unter die Schnur und wieder zurück zur Mutter klettern, ohne die Schnüre zu berühren. Die anderen schauen, ob die Spinne das Netz berührt oder nicht. Das Spiel wird so lange gespielt, bis die Schnur abgewickelt ist.

Dann wird die Schnur wieder aufgewickelt und die Kinder sind dran. Sie werfen ebenfalls das Knäuel und fangen es und sagen: „Meine Mutter ist eine große Spinne und sie heißt … Mal schauen, ob sie so gut klettern kann wie ich." Dann geht das Spiel weiter, bis die Schnur zu Ende ist.

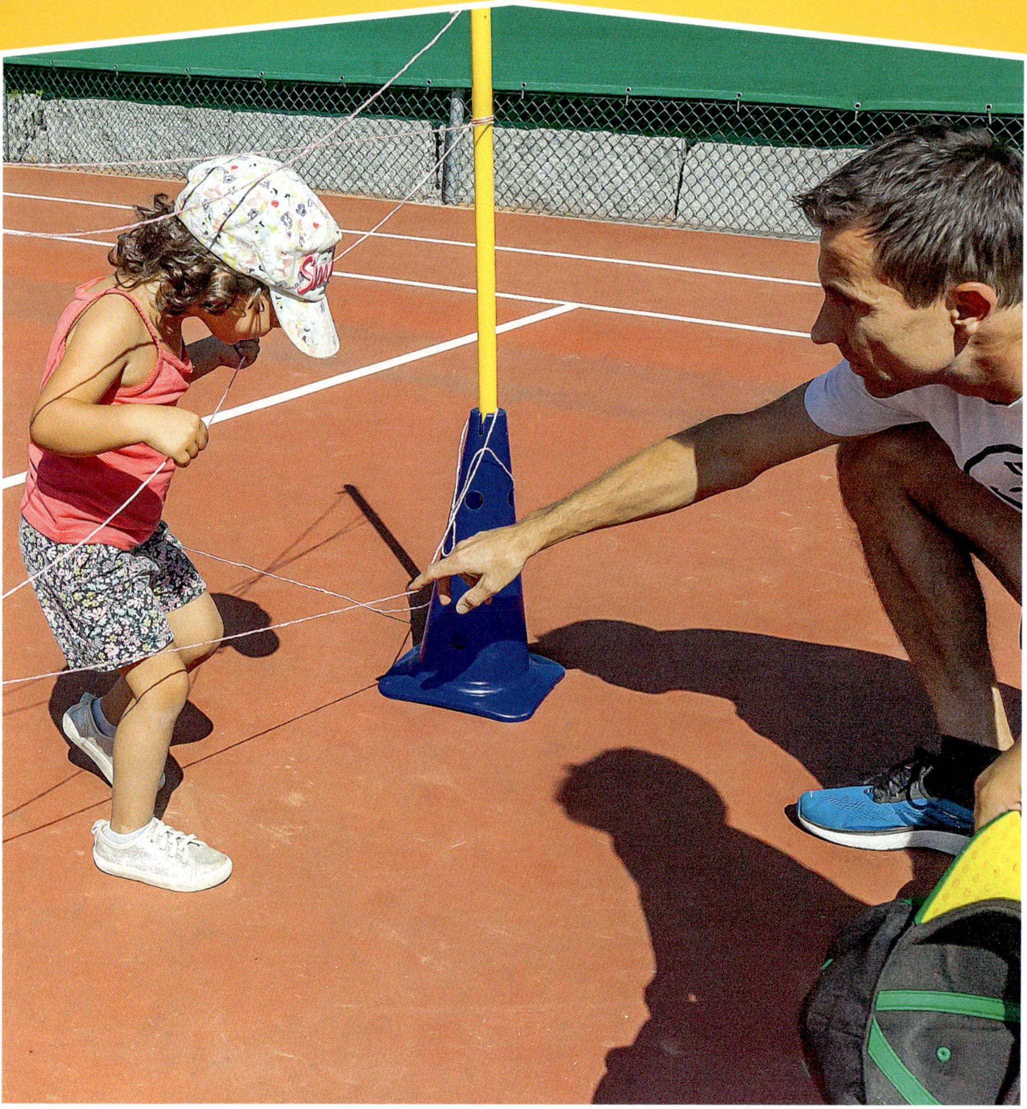

Übung 2: Kletternde Spinne

Mutter oder Vater und Kind stehen zusammen je an einer Station aus zwei Pfosten. Jedes Team hat ein Wollknäuel. Zwischen den Stangen spannen beide zusammen ein Spinnennetz, dafür muss die Schnur oder die Wolle an der Stange eventuell verknotet werden, damit es hält. Die Lücken sollten jedoch groß genug sein, dass das Kind noch hindurchpasst. Die Kinder sollen

a) durch die verschiedenen Lücken klettern, ohne das Netz zu berühren;

b) rückwärts hindurchklettern;

c) unter dem Spinnennetz durchkrabbeln;

d) mit Hilfe der Mutter oder des Vaters durch die oberen Lücken oder ganz oben über das Netz klettern.

Übung 3: Netzball

Mutter und Kind bleiben an ihrer Station. Sie nehmen nun verschieden große und weiche Bälle. Die Bälle sollen

a) durch die untersten Löcher gerollt werden, hier können alle Körperteile oder auch Schläger benutzt werden.

b) durch die oberen Löcher (langsam von unten) geworfen und nach einmaligem Aufspringen gefangen werden.

c) oben über die höchste Schnur mit der Hand über dem Kopf geworfen werden.

d) Ballons können beispielsweise über die oberste Schnur erst mit der Hand und später mit dem Schläger hin und her gespielt werden.

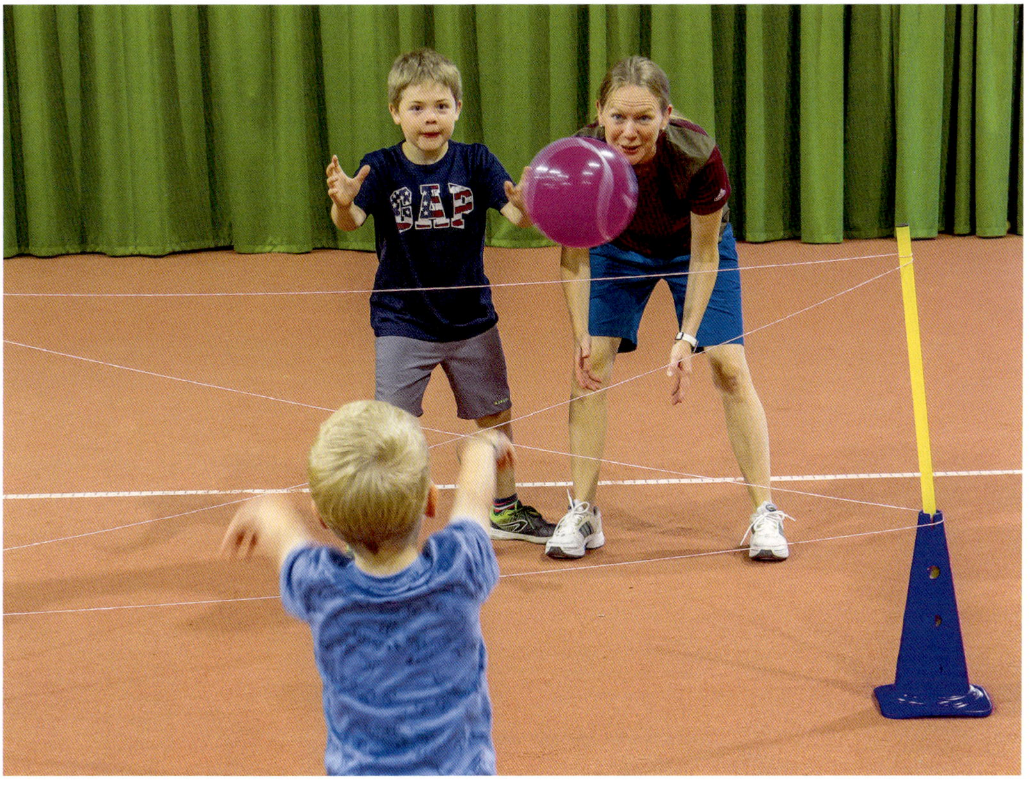

Übung 4: Spinnenball

Alle Mütter und Kinder sind Spinnen und spielen auf allen vieren Spinnenball (entweder mit dem Bauch nach oben oder unten). Der Ball ist in der Mitte und wird mit den Füßen oder Händen hin und her gerollt.

Spinnenball kann gespielt werden von

a) einer Mutter mit einem Kind, die sich gegenübersitzen;

b) zwei Müttern mit zwei Kindern, die sich gegenübersitzen;

c) allen Müttern und Kindern im Kreis.

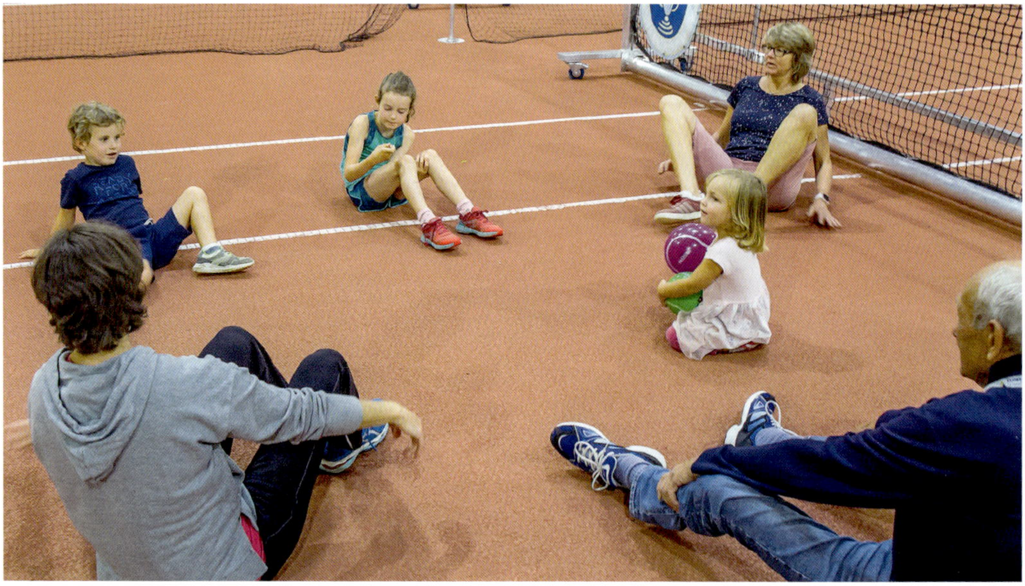

Übung 5: Spinnentennis

Alle Mütter und Kinder sind Spinnen und spielen Spinnentennis. Sie sitzen auf dem Boden und die Hände und Füße dürfen diesen nicht berühren. Nun müssen sie mit allen vieren einen Luftballon in der Luft halten. In einer Hand kann auch ein Tennisschläger gehalten werden. Wer schafft es, den Boden nicht zu berühren und den Luftballon in der Luft zu halten?

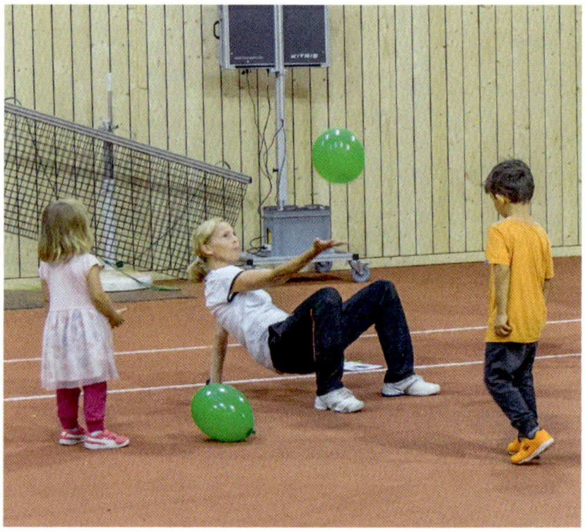

Spinnentennis kann gespielt werden von

a) jedem für sich alleine;

b) einer Mutter mit einem Kind, die sich gegenübersitzen;

c) zwei Müttern mit zwei Kindern, die sich gegenübersitzen;

d) allen Müttern und Kindern im Kreis.

Übung 6: Spinnenrennen

Beim Spinnenrennen stehen Mutter und Kind oder die Kinder und Mütter jeweils zu zweit Rücken an Rücken. Dann beugen sie sich vor und fassen sich durch die Beine an den Händen. Mutter und Kind sollen nun versuchen sich fortzubewegen, ohne die Hände loszulassen. Schaffen sie dies, können sie versuchen, Fliegen (Bälle) aufzusammeln und zu transportieren. Wie sie dies machen, soll die kleine Spinne ausprobieren und entscheiden.

Variante: Nach einem kurzen Einlaufen gibt es einen Wettlauf. Welche Spinne schafft es zuerst, fünf Fliegen/Bälle zu sammeln? Und wie transportiert man nun den Ball, ohne dass die Hände sich lösen?

Abschluss:

Abschlusslied und Feedback über die Stunde. Die Kinder dürfen erzählen, was sie über Spinnen gelernt und welche Übungen ihnen am meisten Spaß gemacht haben.

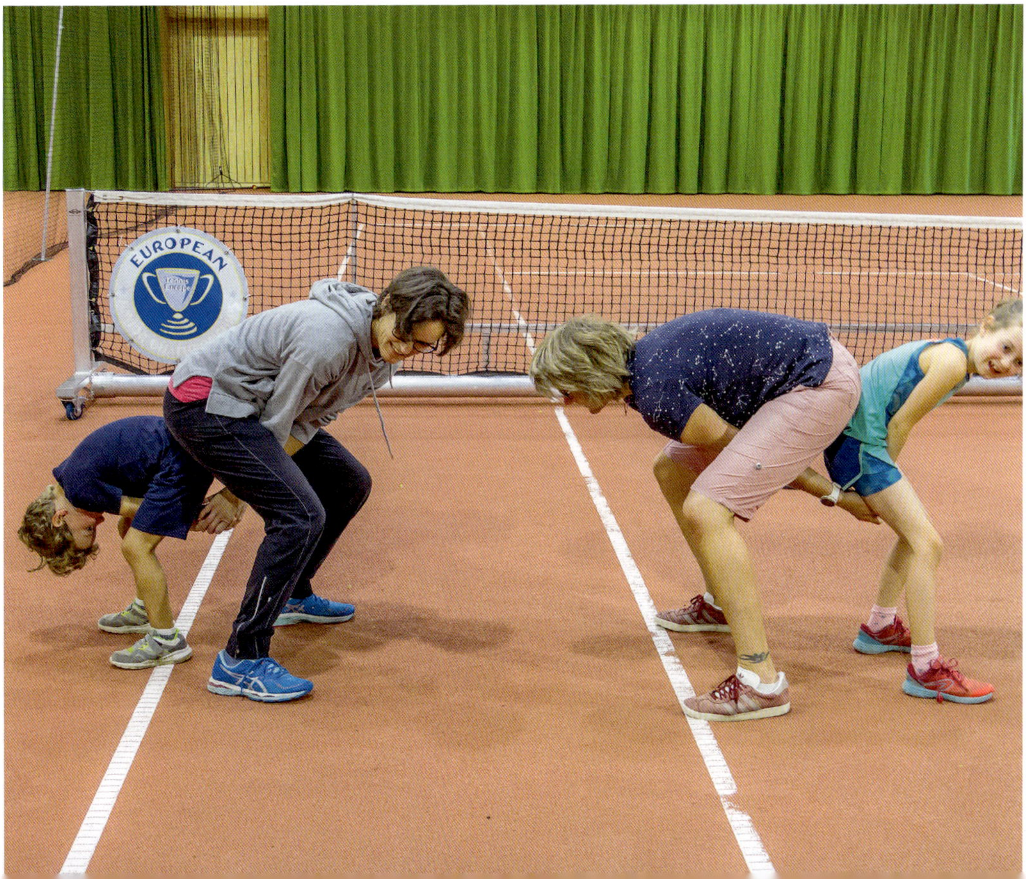

Thema Mistkäfer

Zielsetzung:

- Verbesserung der koordinativen Fähigkeiten im Umgang mit vielen verschiedenen Bällen
- eigene Handlungs- und Bewegungsmöglichkeiten entdecken
- Vertrauen in die eigenen Fähigkeiten gewinnen
- Förderung der sozialen Kompetenzen beim Spielen und Üben mit der Mutter und mit den anderen Kindern
- Ball beidseitig mit dem Schläger rollen
- Bewegung in alle Richtungen
- Spaß an der Bewegung

Material:

Niedliche Bilder von Mistkäfern zum Ausdrucken z .B. aus Biene Maja, Physioball

Hinweis zur Stunde: Übungen 1 und 2 sind Gruppenübungen, alle anderen Übungen können gemeinsam oder separat an Stationen durchgeführt werden.

Einstieg:

Als Erstes wird das Begrüßungslied gesungen. Danach wird das Thema besprochen und die Bilder zu dem Thema gezeigt. Heute wird gefragt, was die Kinder und Mütter über Mistkäfer wissen, welche Aufgaben sie haben und warum sie nützlich sind. Es sollten möglichst niedliche Bilder gezeigt werden, damit das Thema von Anfang an positiv aufgenommen wird. Mistkäfer leben in Röhren in der Erde, die sie selbst gegraben haben. Sie können super Kugeln aus Mist formen und sie durch die Gegend rollen.

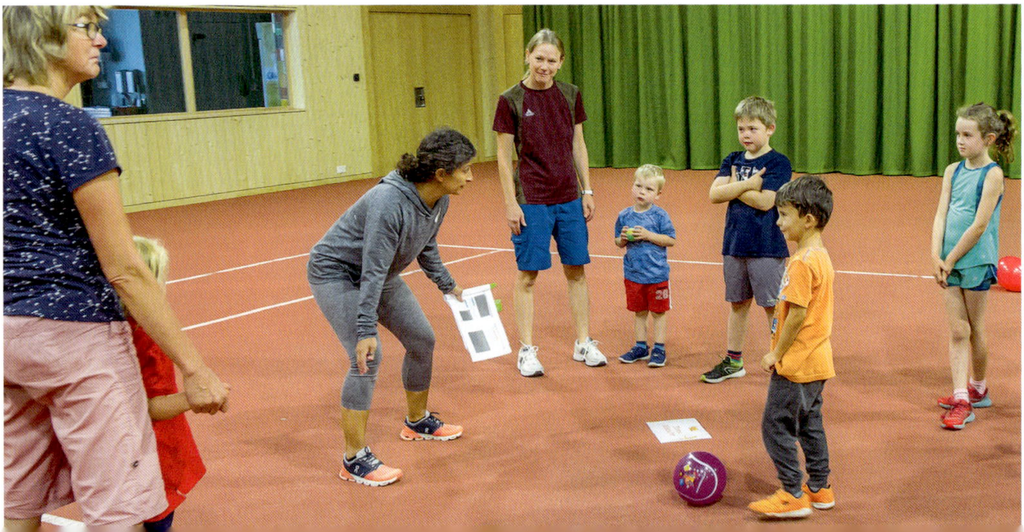

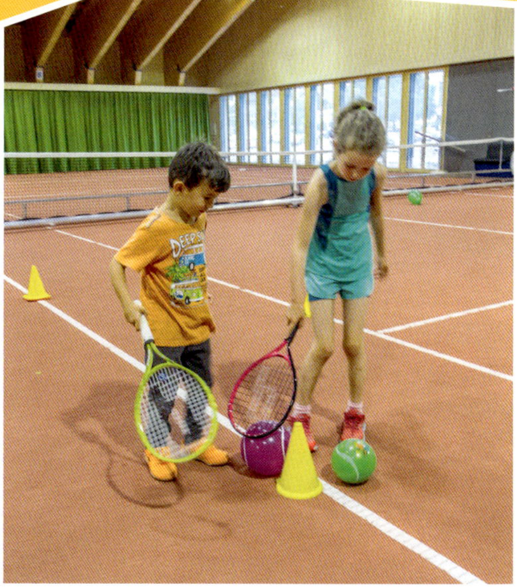

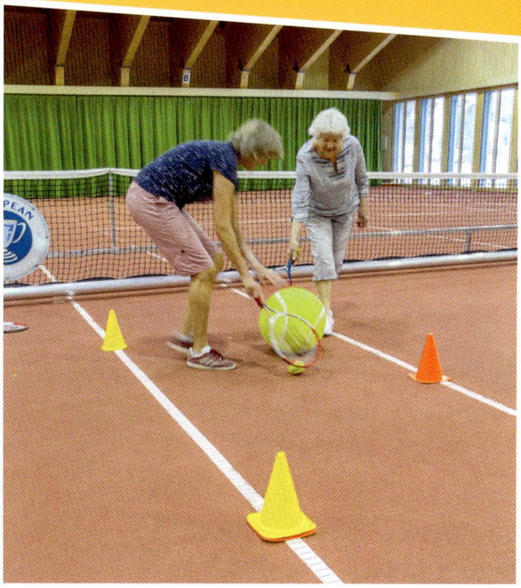

Übung 1: Mistkugeln rollen

Die Kinder sind heute kleine und die Mütter große Mistkäfer. Mistkäfer können ganz tolle Kugeln aus Mist formen und durch die Gegend rollen. Mütter und Kinder nehmen sich jeweils einen Ball und rollen ihn erst mit der Hand und später mit dem Schläger über den Platz. Es können Hindernisse auf dem Platz aufgebaut werden, um die man herum-, drüber- oder drunterrollen muss. Nach kurzer Zeit wird die Hand gewechselt.

Übung 2: Mistkugel-Fangen

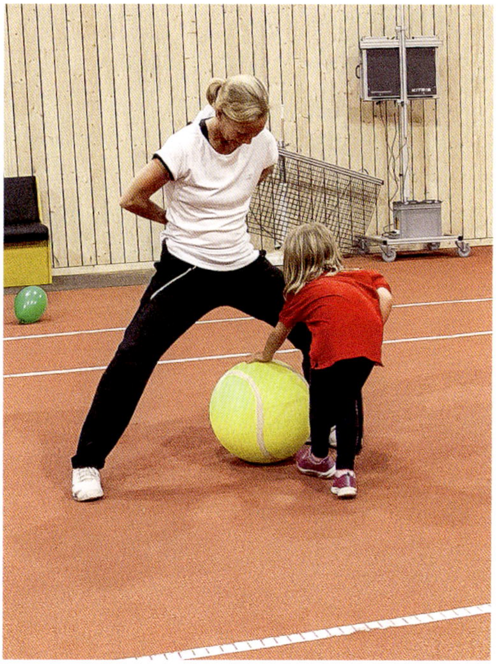

Jeder hat eine Mistkugel, die mit der Hand oder dem Schläger über den Platz gerollt wird. Die Mistkäfer versuchen jetzt, einen anderen Mistkäfer an den Beinen zu treffen. Ist ein Mistkäfer getroffen, muss er stehen bleiben. Gewonnen hat, wer als Letztes überbleibt. Nur eine Mutter kann ihr Kind retten oder ein Kind seine Mutter, indem der Ball durch die Beine gerollt wird.

Variante: Eine Riesen-Mistkugel (Physioball) wird mit den Händen gerollt. Der Fänger versucht, mit der Mistkugel einen anderen Mistkäfer zu berühren. Dann ist dieser der Fänger.

Übung 3: Mistkugeltransport mit dem Körper

Es werden verschieden große Mistkugeln transportiert. Mutter und Kind sollen die Bälle mit dem Körper und ohne Hände ins Ziel transportieren. Lediglich am Anfang darf der Ball mit den Händen in die richtige Position gebracht werden.
Der Ball kann auf folgende Weise transportiert werden:

a) zwischen den Hüften vorwärts und rückwärts, mit Seitenwechsel
b) am Rücken, seitlich nach rechts und links, vorwärts und rückwärts laufen
c) am Bauch, seitlich nach rechts und links, vorwärts und rückwärts laufen
d) an der Stirn, seitlich nach rechts und links, vorwärts und rückwärts laufen
e) an der Schulter und zwischen den Füßen

Variante: Der Mistkugeltransport kann auch als Wettkampf zwischen Zweier-Teams oder zwei großen Teams durchgeführt werden.

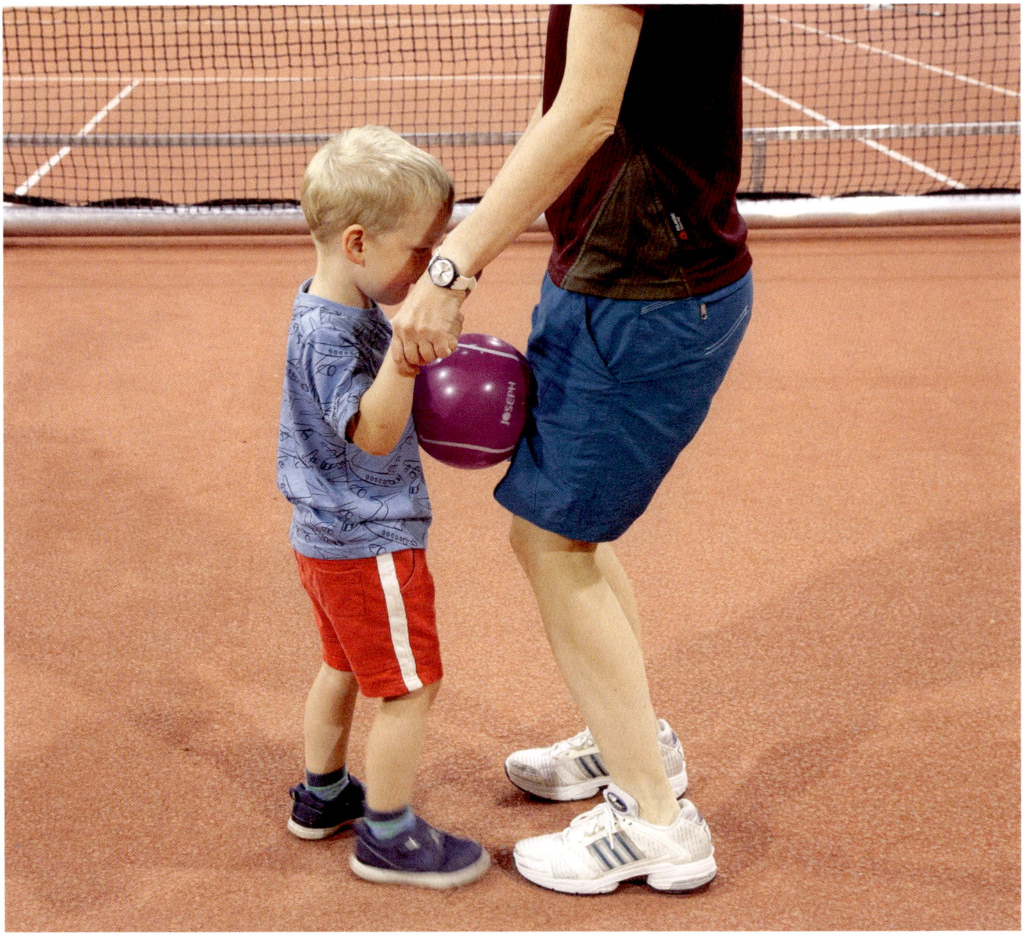

Übung 4: Mistkugeltransport mit dem Schläger

Jetzt werden die Mistkugeln mit einem Schläger durch einen Zickzack-Parcours über den Platz gerollt. Haben die kleinen Mistkäfer den Parcours durchlaufen, sollen sie die Mistkugel in ein Ziel schießen und die Kugel im Anschluss wieder holen und von vorne beginnen. Der Parcours wird

a) mit der rechten Hand;

b) mit der linken Hand;

c) abwechselnd mit beiden Händen (beim rechten Hütchen Schläger rechts, beim linken Hütchen Schläger links) durchlaufen.

Variante: Die Mistkugel wird auf dem Schläger durch den Parcours getragen. Sie darf nicht hinunterfallen. Am Ende des Parcours soll die Kugel mit dem Schläger ins Ziel befördert werden, wie, ist dem Mistkäfer überlassen.

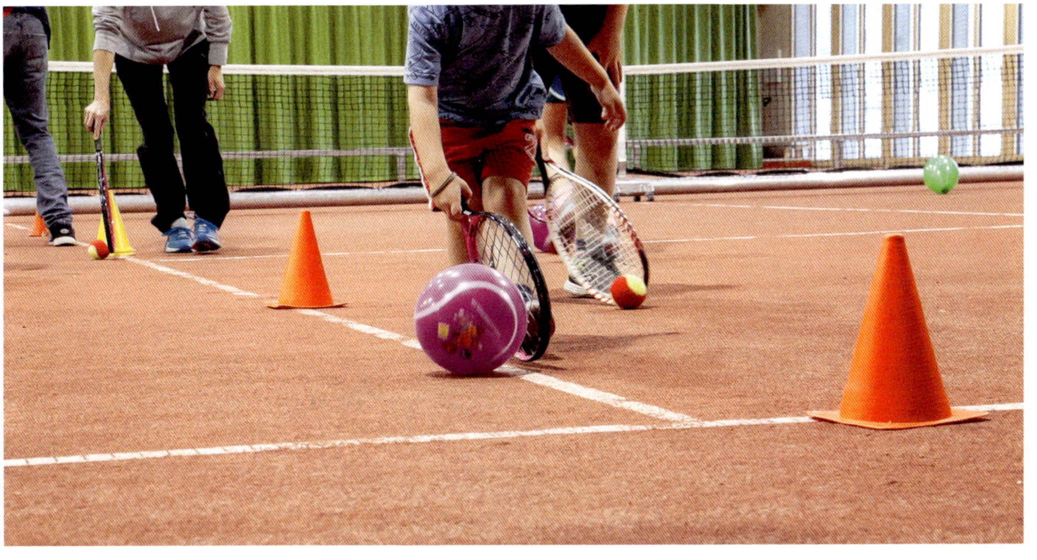

Übung 5: Mistkugel treiben

Mutter und Kind versuchen gemeinsam, eine Riesen-Mistkugel (Physioball) mit geworfenen Bällen von einer Startlinie nach vorne bis zur Ziellinie zu treiben. Das Kind darf bis ca. 1 – 2 m an den Ball heranlaufen, die Mutter bleibt ca. 4 – 5 m dahinter.

Variante 1: Mutter und Kind stehen sich gegenüber und der Physioball ist in der Mitte. Nun versuchen sie, den Ball über die Linie des anderen zu treiben. Wer es zuerst geschafft

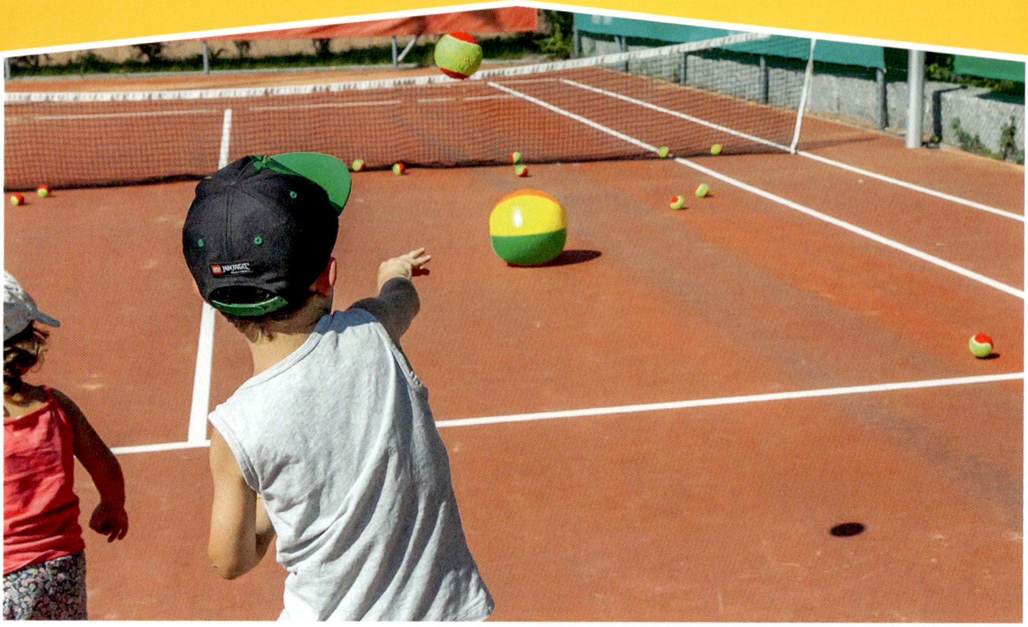

hat, hat gewonnen. Die Mutter muss immer bei ihrer Linie bleiben, das Kind darf bis 1 – 2 m an den Ball heranlaufen.

Variante 2: Es gibt zwei Teams, die gegeneinander spielen. In der Mitte des Spielfeldes ist eine Riesen-Mistkugel, ein Physioball oder ein anderer Ball. Beide Teams haben gleich viele kleine Mistkugeln (Tennisbälle). Sie müssen nun die Tennisbälle werfen und dann mit der Riesen-Mistkugel auf die Seite der Gegner treiben. Im Verlauf des Spiels können dann auch die geworfenen Bälle aufgehoben und wieder geworfen werden.

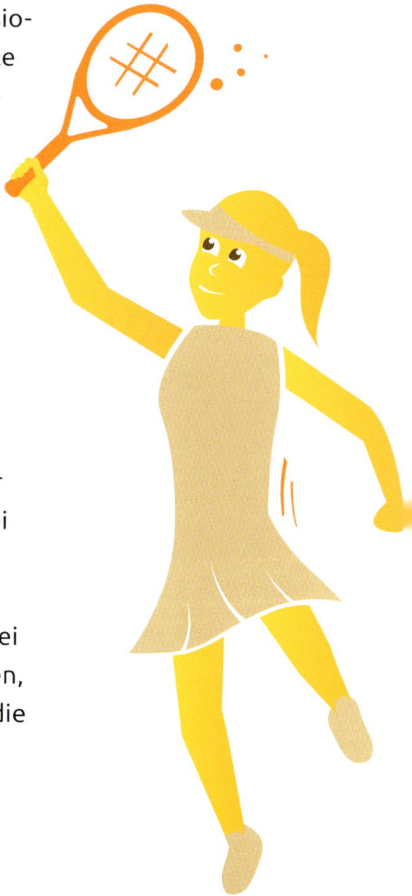

Übung 6: Mistkugeln hin und her rollen

Mutter und Kind sollen sich die Mistkugeln durch zwei Hütchen in der Mitte zurollen. Zu Beginn rollen sie nur mit der rechten Hand, dann mit der linken und dann immer mit zwei Händen.

Variante: Alle Teams rollen sich die Mistkugeln durch zwei Hütchen hin und her. Welches Team schafft es am längsten, den Ball durch das Ziel hin und her zu rollen, ohne dass die Mistkugel stehen bleibt?

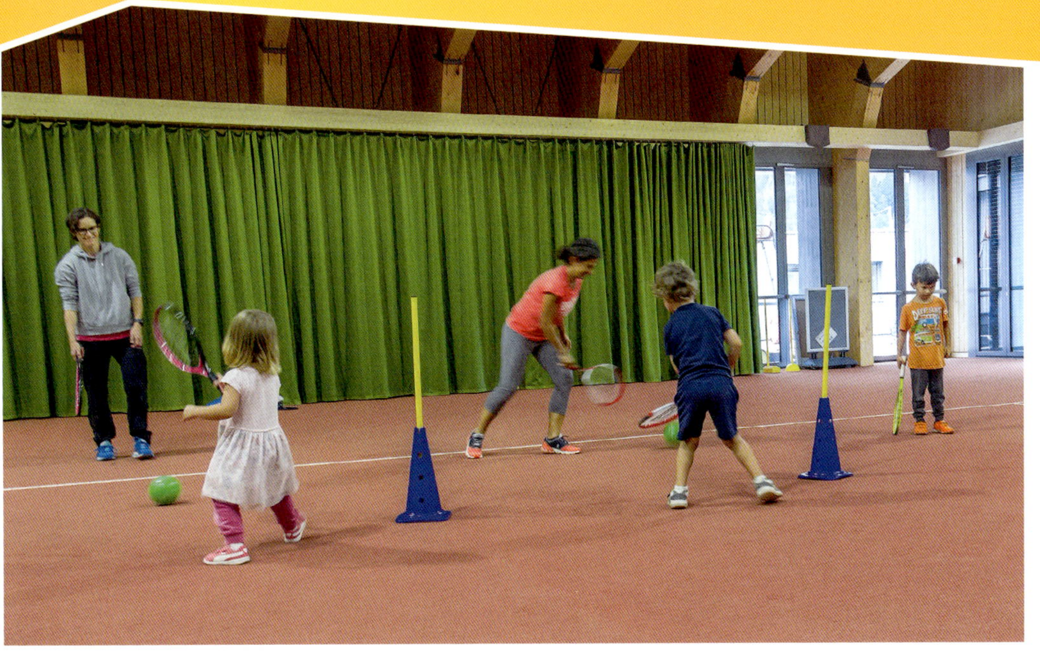

Abschluss:

Es wird das Abschlusslied gesungen und alle können ein Feedback über die Stunde abgeben. Jedes Kind darf sagen, was es über Mistkäfer gelernt hat und welche seine Lieblingsübung war.

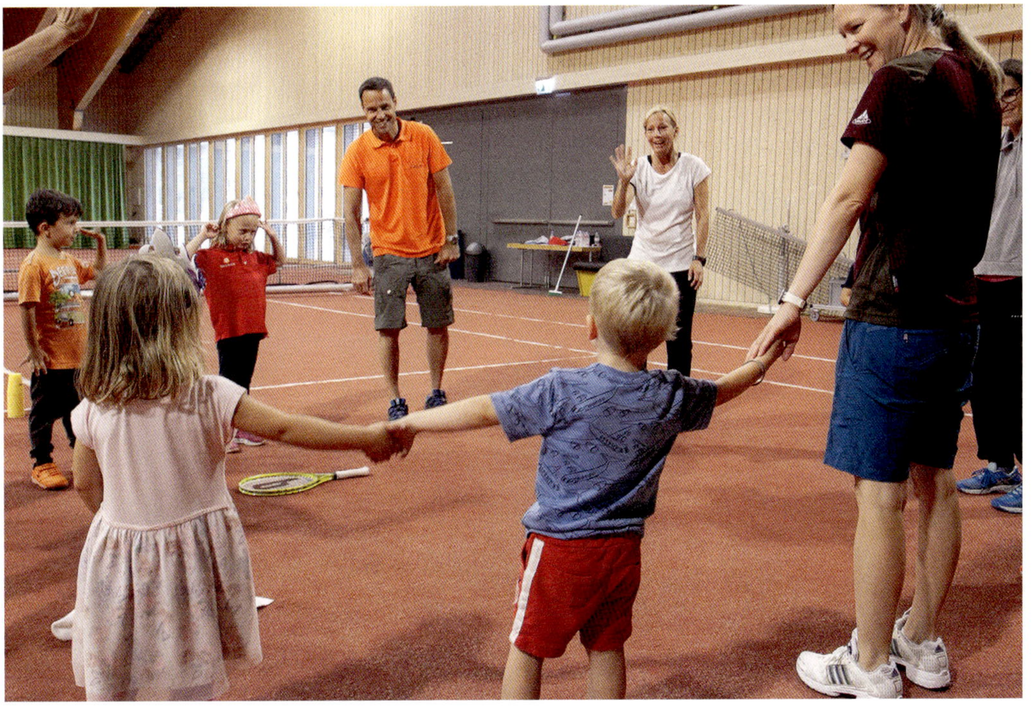

Thema Delfin

Zielsetzung:

- Interessen der Kinder mit reizvollen Aufgaben verbinden
- neue Bewegungsfertigkeiten erlangen
- Verbesserung der koordinativen Fähigkeiten
- Bewegungsdrang ausleben
- fangen und werfen
- Übungen selber mitgestalten und kreativ sein
- spielerischer Umgang mit dem Schläger
- Einführung in die Bewegungen des Volleys
- Spaß in einer neuen Welt haben
- Signale merken und darauf reagieren

Material:

Bilder zum Thema Delfin zum Ausdrucken, Hürden, Trillerpfeife, Bretter oder Ähnliches

Hinweis zur Stunde: Übung 1 ist eine Gruppenübung, die Übungen 2 bis 6 können als Stationen aufgebaut oder mit allen gemeinsam durchgeführt werden.

Einstieg:

Als Erstes wird das Begrüßungslied gesungen. Danach wird das Thema besprochen und die Bilder zu dem Thema gezeigt. Heute wird gefragt, was die Kinder und Mütter über Delfine wissen, was diese gerne machen und gut können. Delfine springen gerne, sie können sehr gut und schnell schwimmen und spielen gerne mit einem Ball. Sie sind zudem sehr intelligent, hören und riechen sehr gut etc.

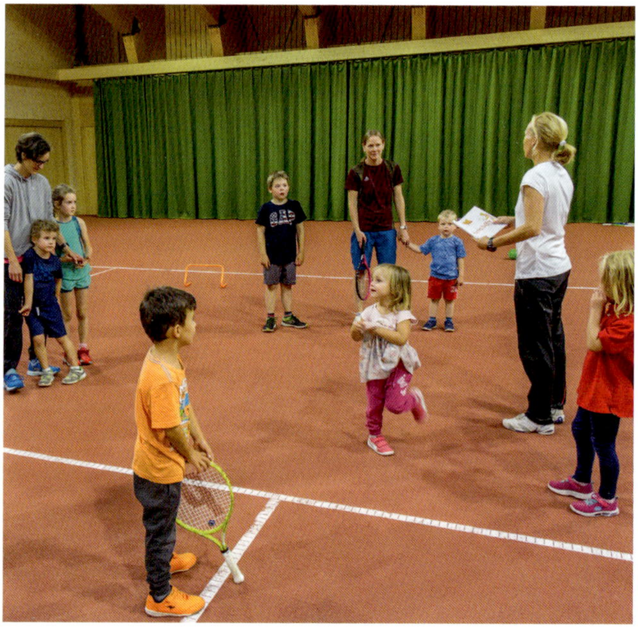

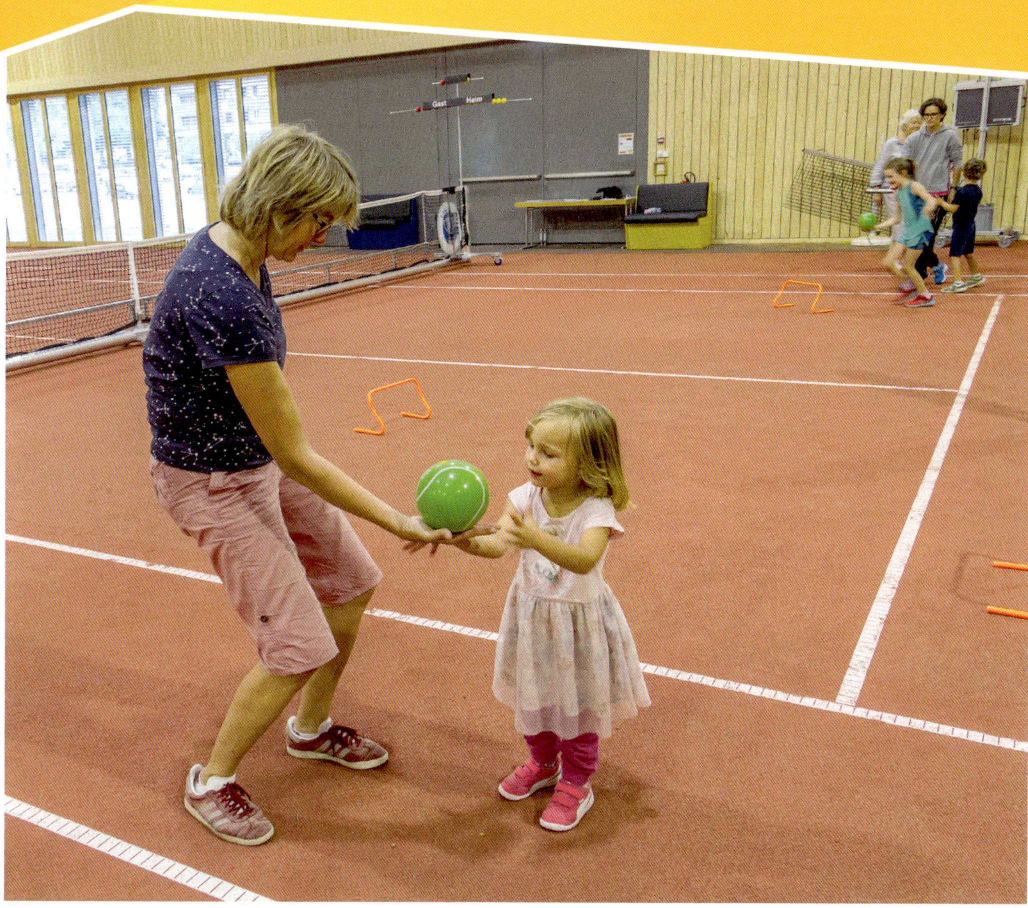

Übung 1: Delfintrainer

Alle Mütter und Kinder sind Delfine und schwimmen durch das Trainingsbecken und tragen einen Ball in den Händen. Auf dem Platz stehen kleine und große Hürden. Der Delfintrainer (Leiter) pfeift Signale mit einer Trillerpfeife oder Ähnlichem (maximal drei), auf die die Delfine hören. Auf ein abgemachtes Pfeifsignal hin müssen die Delfine beispielsweise

- in die Knie gehen, hochspringen und dabei die Hände über dem Kopf zusammenklatschen;
- über ein Hindernis springen;
- unter einem Hindernis hindurchtauchen;
- den Ball hochwerfen und fangen;
- den Ball hochwerfen, sich drehen und den Ball nach einmal Aufprallen fangen;
- den Ball hochwerfen, mit dem Kopf bzw. der Stirn nach oben stupsen und den Ball nach einmal Aufprallen fangen.

Variante: Jedes Kind darf sich ein Kunststück ausdenken, das bei dem Pfeifen durchgeführt wird.

Übung 2: Fische fangen

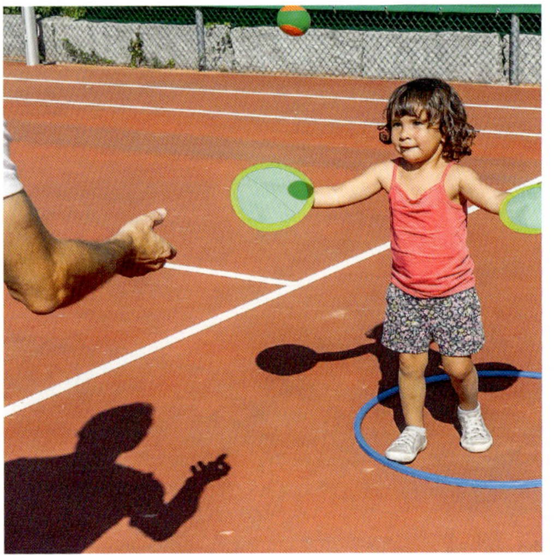

Delfine springen gerne und fangen Fische, die man ihnen zuwirft. Mutter oder Vater und Kind stehen sich gegenüber. Die Delfintrainerin wirft dem kleinen Delfin jeweils einen großen Fisch (Ball/Luftballon/Tennisball) nach rechts und danach einen nach links zu. Mit einem kleinen Sprung zur Seite soll der kleine Delfin versuchen, diesen Fisch/Ball

- zu fangen,
- mit der Hand zurückzuspielen (Volley),
- mit anderen Hilfsmitteln zu fangen,
- mit einem Schläger zurückzuspielen und danach wieder sicher zu landen.

Variante: Jedes Kind darf sich ein Kunststück ausdenken, das es mit dem Ball ausführt.

Übung 3: Ballkunststück

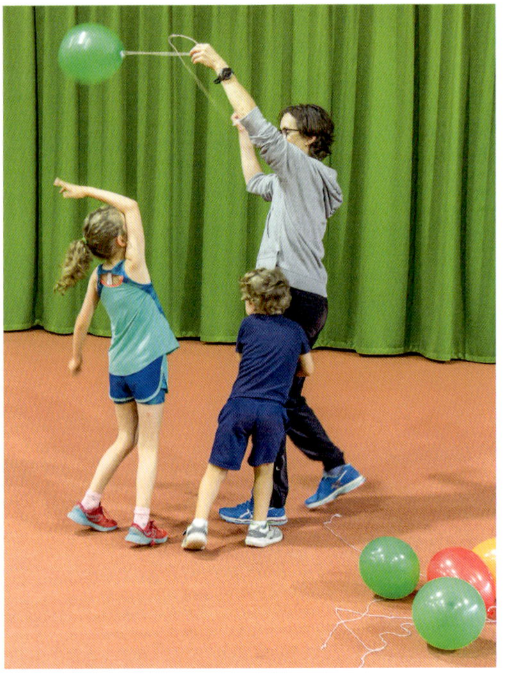

Delfine springen gerne nach oben, wenn man ihnen einen Ball zuwirft. Die Mütter sind nun die Delfintrainerinnen und werfen einen großen Ball/Luftballon/Tennisball nach oben. Der Ball kann auch an einer Schnur aufgehängt oder hochgehalten werden. Die kleinen Delfine sollen versuchen hochzuspringen, um

- den Ball zu fangen;
- den Ball mit dem Kopf zurückzuspielen;
- den Ball mit der Hand über dem Kopf wegzuschlagen;
- den Ball mit dem Schläger über dem Kopf wegzuschlagen.

Es soll lediglich ein kleiner Hopser mit beiden Füßen sein, damit die kleinen Delfine danach wieder sicher auf zwei Füßen landen können.

Variante: Jedes Kind darf sich ein Kunststück ausdenken, das es mit dem Ball ausführt.

Übung 4: Ballspielende Delfine

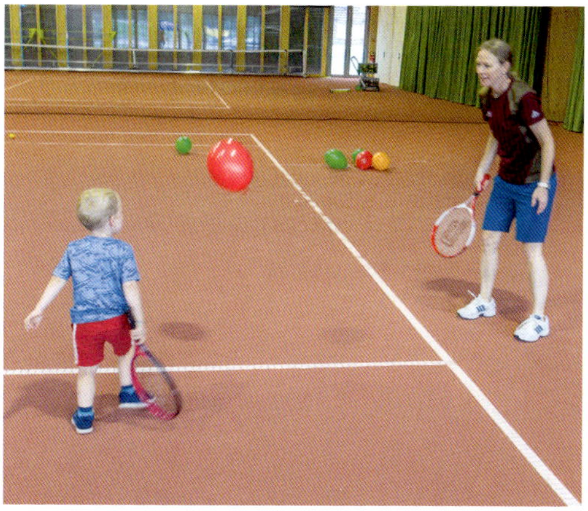

Die Delfine stellen sich nun zu zweit auf. Sie versuchen, den Luftballon/Ball/Tennisball immer in der Luft zu halten. Nun können die Mütter mit den Kindern oder auch die Kinder als Teams zusammen spielen.

Variante: Jeder soll sich ein Kunststück ausdenken, das immer nach der Ballberührung ausgeführt wird.

Übung 5: Ballstoppende Delfine

Delfintrainerin und Kind stehen ca. 1 m hintereinander, beide schauen nach vorne. Die kleinen Delfine müssen nun versuchen, die Bälle zu stoppen, die die Delfintrainerin ihnen von hinten durch die Beine rollt. Im Anschluss dürfen die kleinen Delfine die Bälle rollen und die Delfintrainerinnen müssen sie stoppen.
Die Bälle können auf folgende Weise gestoppt werden:

- mit der Hand
- mit dem Schläger
- mit dem Popo
- mit dem Knie
- mit dem Kopf

Variante: Jedes Kind darf sich ein Kunststück ausdenken, wie es den rollenden Ball stoppt.

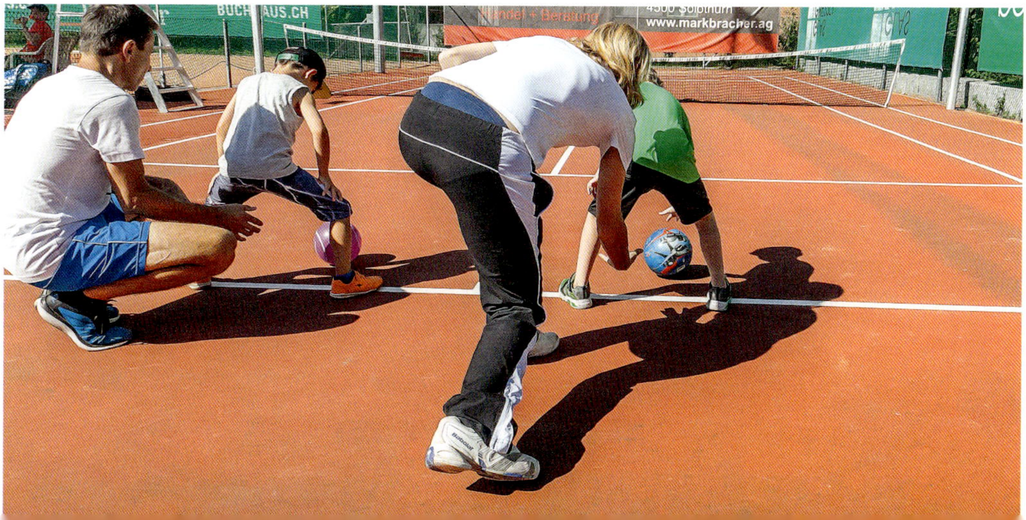

Übung 6: Ring-Trick

Die Delfintrainerin und der Delfin üben einen neuen Trick. Die Delfintrainerin hat einen Luftballon in der Hand und einen Reifen in der anderen. Sie wirft den Ballon hoch, dann soll der Delfin den Ballon mit der Flosse, der Nase oder dem Schläger in die Luft schlagen und danach durch den Ring klettern und wieder den Ballon hochspielen.

Variante: Der Ring liegt auf dem Boden. Mutter und Kind spielen abwechselnd den Ball hoch und klettern dann durch den Ring hindurch.

Abschluss:

Es wird das Abschlusslied gesungen und alle können ein Feedback über die Stunde abgeben. Jedes Kind darf sagen, was es gelernt hat und welche seine Lieblingsübung war.

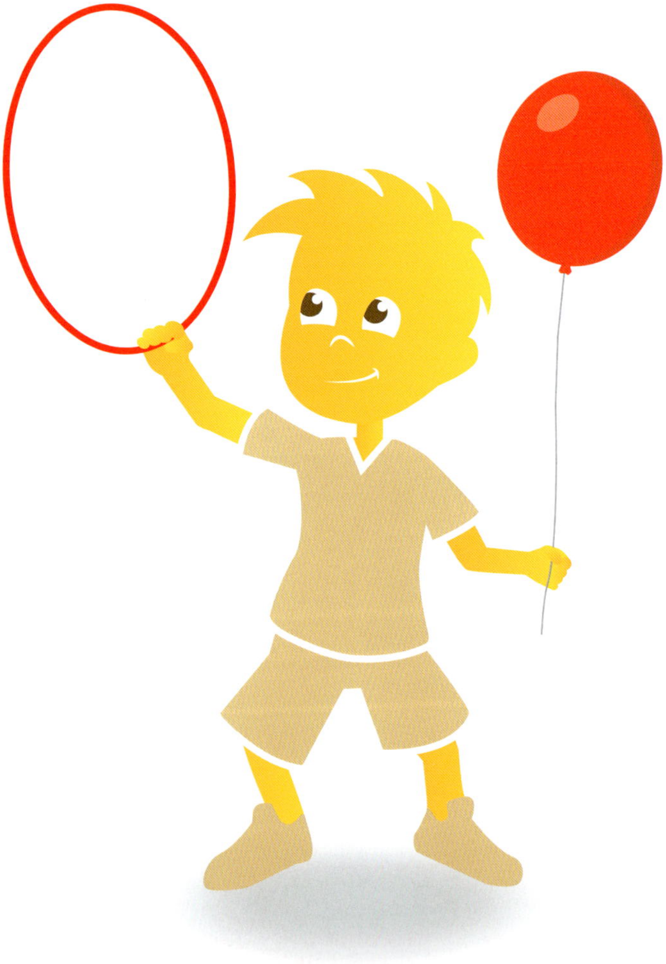

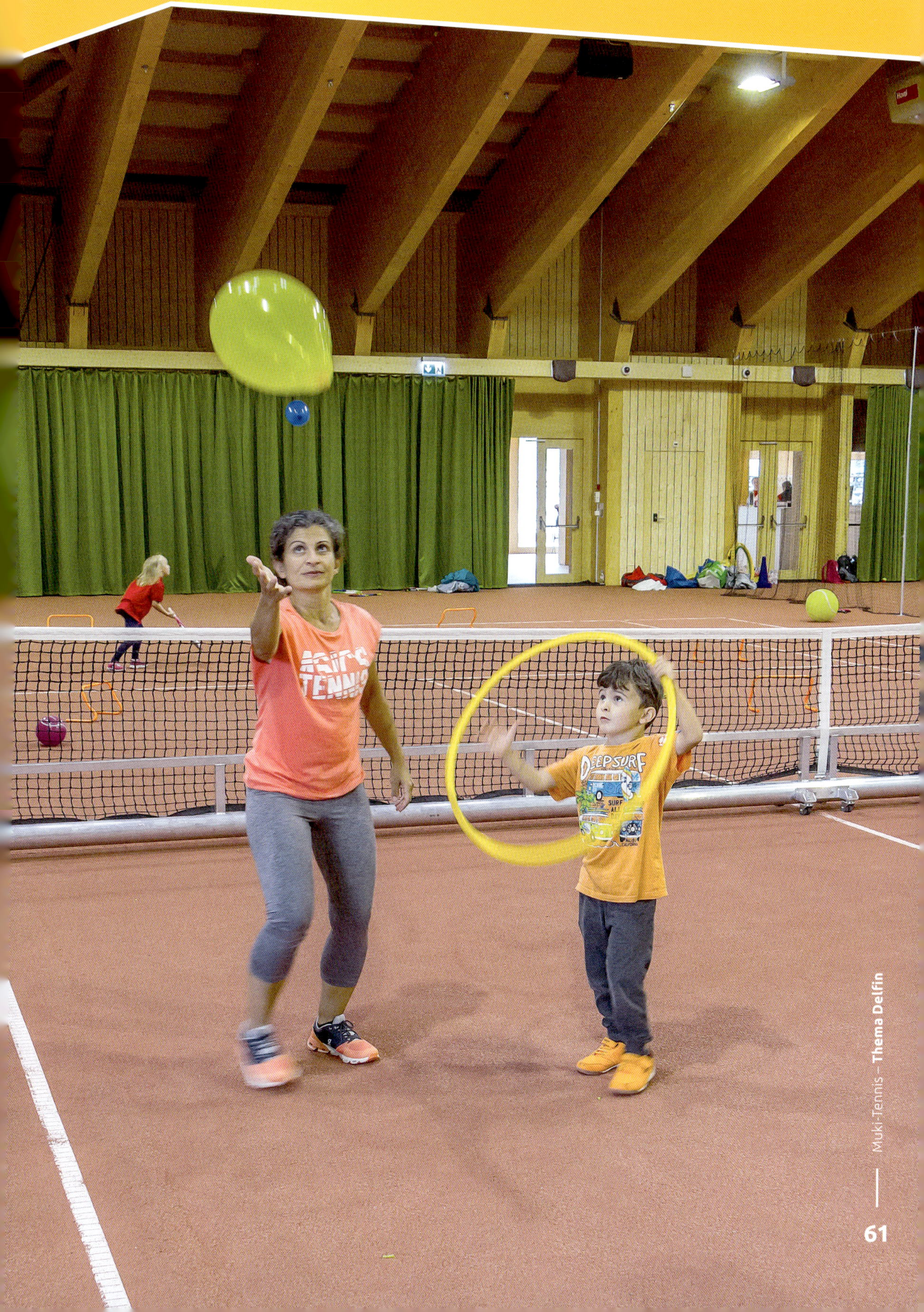

Thema Ritter und Prinzessin

Zielsetzung:

- in die faszinierende Welt der Ritter und Prinzessinnen abtauchen und sich ausleben
- Verbesserung der Konzentration, Beobachtungsgabe sowie Eigen- und Fremdwahrnehmung durch Gruppenspiele
- Verbesserung der koordinativen Fähigkeiten, Grob- und Feinmotorik
- fangen und werfen
- Bewegung in allen Richtungen
- spielerischer Umgang mit dem Schläger
- Einführung in die Grundbewegung von Vorhand und Rückhand
- Spaß in der Gruppe

Material:

Bilder von Rittern und Prinzessinnen, Musik, halbe Bälle oder gebastelte Kronen, Reifen, Zeitungspapier, Hürden, Hütchen

Hinweis zur Stunde: Übung 1 ist eine Gruppenübung, die Übungen 2 bis 6 können als Stationen aufgebaut oder mit allen gemeinsam durchgeführt werden.

Einstieg:

Als Erstes wird das Begrüßungslied gesungen. Danach wird das Thema besprochen und die Bilder zu dem Thema gezeigt. Heute wird gefragt, was die Kinder und Mütter über Ritter und Prinzessinnen wissen, welche Aufgaben diese haben, wie sie sich benehmen etc. Die Mütter sind heute die Königinnen, der Leiter ist der Kaiser oder die Kaiserin. Jedes Kind darf selber aussuchen, ob es Ritter oder Prinzessin sein möchte.

Übung 1: Tanzball

Alle Königinnen, Ritter und Prinzessinnen treffen sich bei einem Fest. Jeder hat einen Ball in der Hand. Immer zwei Personen tanzen zusammen oder bewegen sich zusammen über den Platz. Sobald der Kaiser zweimal in die Hände klatscht, müssen die zwei Personen ihre Bälle tauschen. Die Bälle werden

- zugeworfen;
- unter den Beinen hindurchgegeben;
- über dem Kopf übergeben;
- gerollt.

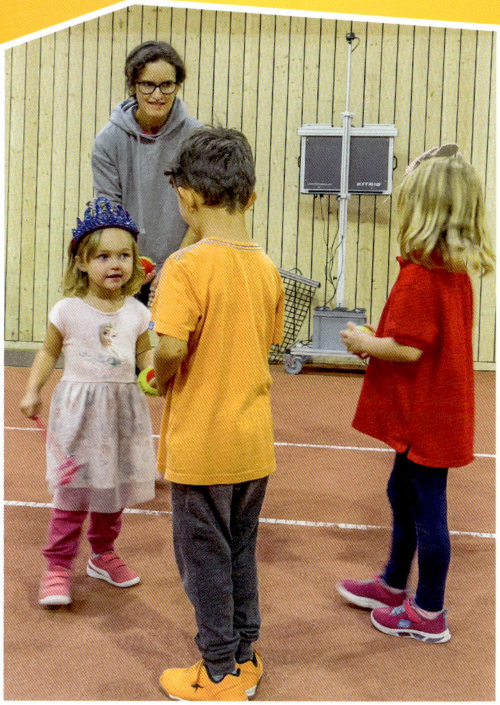

Nach jedem Durchgang wird der Tanzpartner getauscht. Die Kinder können sich auch selbst eine Übergabetechnik ausdenken.

Variante 1: Alle bewegen sich frei auf dem Platz. Sobald der König in die Hände klatscht, müssen immer zwei Personen auf einem Stück Zeitungspapier oder in einem Reifen stehen.

Variante 2: Bei der Wettkampfform gibt es immer ein Papier/Reifen zu wenig. Die zwei Personen, die keinen freien Platz bekommen, scheiden aus und kommen in den Burg-Turm.

Übung 2: Ritterspiele

Bei den diesjährigen Ritterspielen wird ein Parcours für Geschicklichkeit und Mut aufgebaut. Der Parcours startet im verwunschenen Wald, geht dann um die Bäume herum, über Hindernisse, zuletzt über die Brücke (eine Leiter) und ins Schloss.

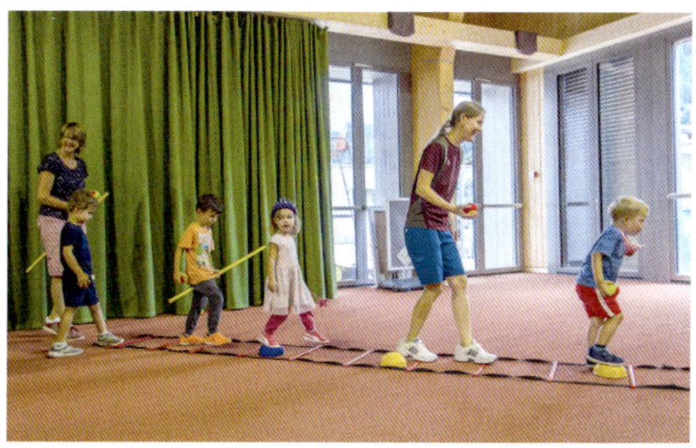

Variante: Bei der Wettkampfform treten immer zwei Ritter oder Prinzessinnen gegeneinander oder die Königin mit ihrem Prinzen/ihrer Prinzessin an. Wer zuerst im Schloss ist (vier Hütchen mit Stangen) hat gewonnen. Bei dem Rennen kann auch eine goldene Kugel auf dem Schläger balanciert werden.

Übung 3: Krönung

Bei der Krönungszeremonie werden der stolzeste Ritter und die stolzeste Prinzessin gesucht. Alle müssen sehr anmutig über den Tennisplatz schreiten und dabei eine Krone (halber Tennisball oder etwas anderes) auf dem Kopf balancieren. Die Ritter und Prinzessinnen können dabei selber alle möglichen Varianten ausprobieren oder die Königin macht Vorschläge, wie z. B.

- vorwärts,
- rückwärts,
- seitwärts,
- auf Zehenspitzen,
- schnell oder
- langsam gehen.

Variante: Es wird eine Stafette aufgestellt. Welches Team schafft es am schnellsten, die Krone hin und her zu transportieren? Die Krone darf dabei nicht auf den Boden fallen.

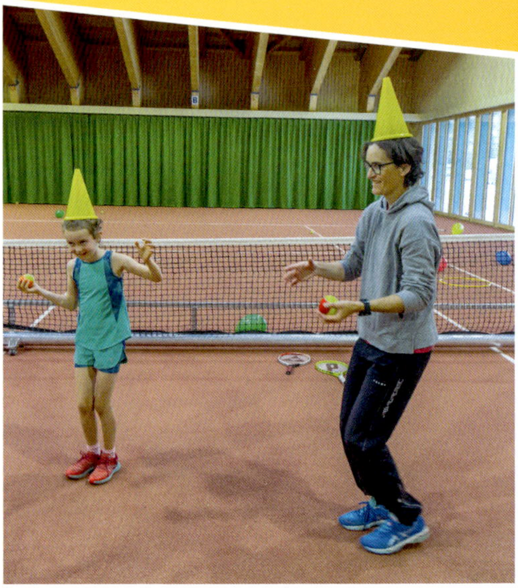

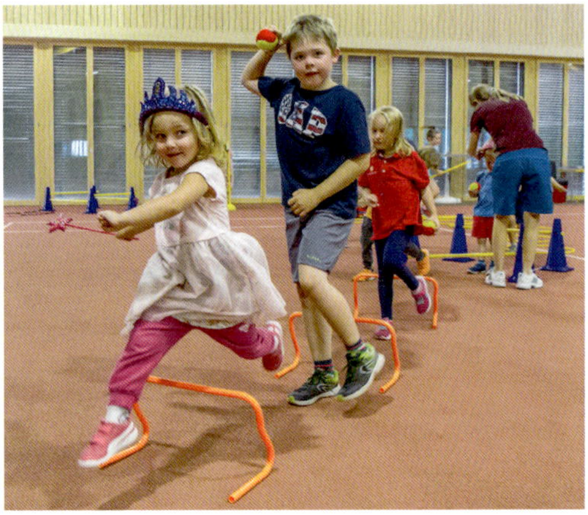

Übung 4: Reitwettbewerb

Bei den Ritterspielen versuchen die Ritter, die Prinzessinnen beim Reiten mit der Kugel ins Ziel zu treffen. Sie galoppieren über Hürden und werfen einen Ball durch einen Ring.

Variante: Die Königinnen werfen einen Ball zu und die Ritter und Prinzessinnen müssen diesen auf ein Ziel spielen.

Übung 5: Schwertkampf

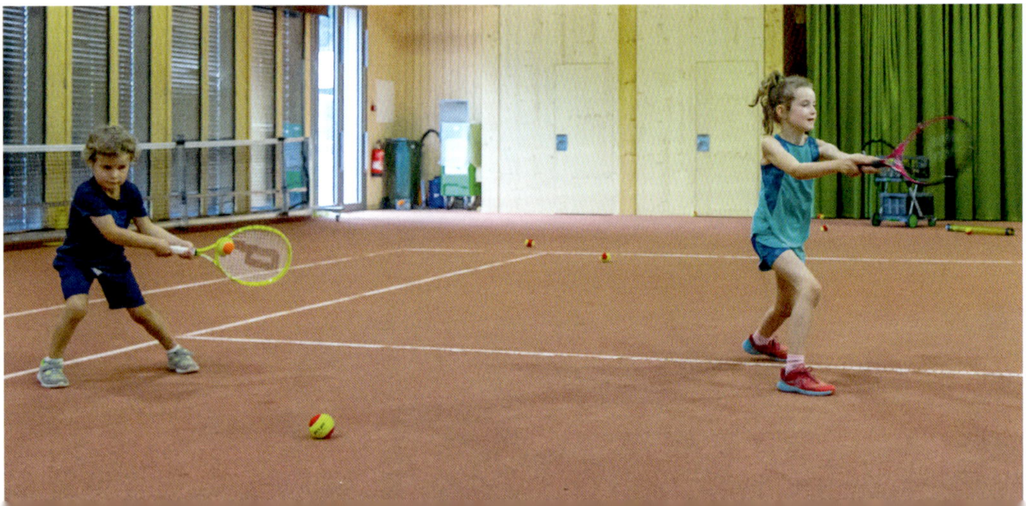

Die Ritter müssen mit dem Schwert (Schläger) trainieren. Sie schwingen ihr Schwert auf der rechten Seite (Vorhand) und auf der linken Seite (Rückhand). Die Prinzessinnen üben das Schwingen mit ihrem Zepter oder Seidenschal. Die Königinnen werfen oder rollen jeweils Bälle auf die rechte und die linke Seite zu.

Variante: Bei den Ritterspielen wird mit Schwertern aus aufgerolltem Zeitungspapier gefochten.

Übung 6: Goldene Kugel

Die goldenen Kugeln der Prinzessinnen sind verloren gegangen. Die Ritter und Prinzessinnen müssen sie wieder einfangen. Die Königinnen werfen die goldenen Kugeln über das Netz und die Ritter und Prinzessinnen müssen sie mit dem goldenen Kelch (Hütchen) auffangen und wieder zurückwerfen. Sie dürfen auf keinen Fall auf den Boden fallen, da sie sonst kaputt gehen.

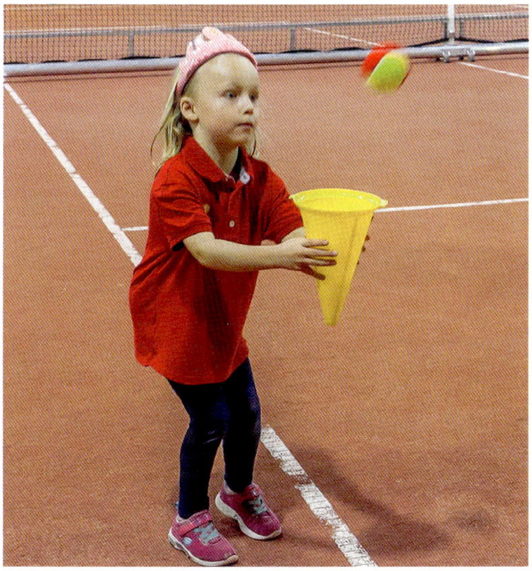

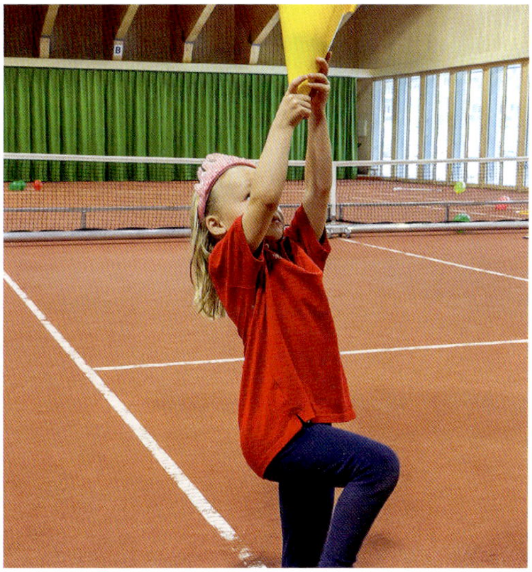

Variante: Die goldenen Kugeln können dann aus dem Hütchen fallen gelassen und mit dem Schläger wieder zur Königin gespielt werden.

Abschluss:

Es wird das Abschlusslied gesungen und alle können ein Feedback über die Stunde abgeben. Jedes Kind darf sagen, was es gelernt hat und welche seine Lieblingsübung war.

Thema Handwerker

Zielsetzung:

- Anregung der Fantasie und Kreativität
- differenzierte Bewegungs- und Materialerfahrungen
- Kraftdosierung, Geschicklichkeit, Auge-Hand-Koordination
- spielerische Verbesserung der Wahrnehmung, Konzentration, des Denkvermögens und Gedächtnisses
- Verbesserung der visuellen Wahrnehmung, des Farbsinns und der Differenzierungsfähigkeit
- Verbesserung der koordinativen Fähigkeiten
- Arbeit im Team miteinander und im Team gegeneinander
- kreativ sein und Lösungsmöglichkeiten suchen
- werfen, fangen und zielen
- spielerischer Umgang mit dem Tennisschläger
- Einführung in die Grundbewegungen von Vorhand, Rückhand, Volley, Smash
- Spaß am spielerischen Erleben

Material:

Bilder von Handwerkern, Zeitungspapier, Schwämme, Klötze, Deckel, halbe Bälle, Becher, Kartons, Schachteln

Hinweis zur Stunde: Alle Übungen können als Stationen aufgebaut oder gemeinsam durchgeführt werden.

Einstieg:

Als Erstes wird das Begrüßungslied gesungen. Danach wird das Thema besprochen und die Bilder zu dem Thema gezeigt. Heute wird gefragt, was die Kinder und Mütter über Handwerker wissen und welche Berufe sie haben. Es sollten möglichst viele Bilder von Handwerkern mit verschiedenen Aufgaben gezeigt werden (Maurer, Schreiner etc.). Die verschiedenen Berufe können mit Bewegungen verbunden werden.

Übung 1: Material erforschen

Mutter und Kind sind jeweils zwei Handwerker, die zusammenarbeiten und ihr Material überprüfen sollen. Sie werfen sich möglichst viel und unterschiedliches Material zu und

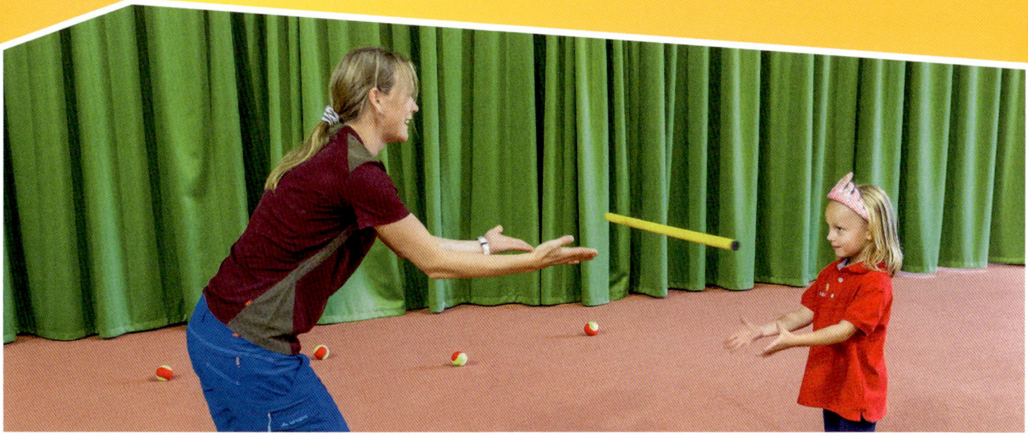

versuchen, die Flugeigenschaften zu beobachten und das Material zu fangen. Mit welchem Material kann man weit, nicht so weit werfen? Was kann man leicht und was nicht so leicht fangen? Falls es eine Wand gibt, kann das Material auch gegen die Wand geworfen werden. Was passiert? Schaffen es Mutter und Kind, das Material an die Wand zu werfen und danach wieder aufzufangen?

Übung 2: Wasserrohrbruch

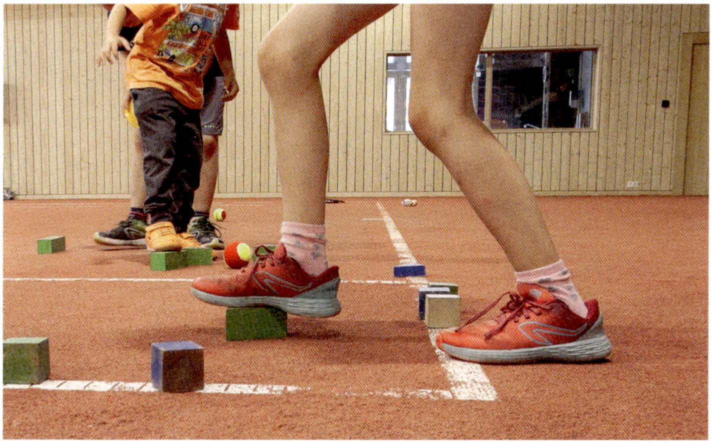

Leider gab es einen Wasserrohrbruch und alles steht unter Wasser. Die Handwerker müssen sich einen Weg bauen, um auf die andere Seite des Platzes zu kommen und das Rohr zu reparieren, ohne den Boden zu berühren. Dafür hat jeder Handwerker jedoch nur drei Gegenstände, auf denen er gut stehen kann, z. B. Zeitungspapier, Schwämme, Klötzchen, Deckel, halbe Tennisbälle, Gummimarkierungen. Sie dürfen dabei immer nur eines hochnehmen und nach vorne legen.

Variante 1: Die Mütter treten gegen die Kinder an, wer schafft es als Erstes auf die andere Seite des Platzes?

Variante 2: Alle Handwerker werden in zwei Teams aufgeteilt. Pro Team gibt es drei Gegenstände, auf denen sie laufen müssen. Jeder muss um ein Hütchen herum und zurück zum nächsten. Welches Handwerkerteam ist schneller?

Übung 3: Materialtransport

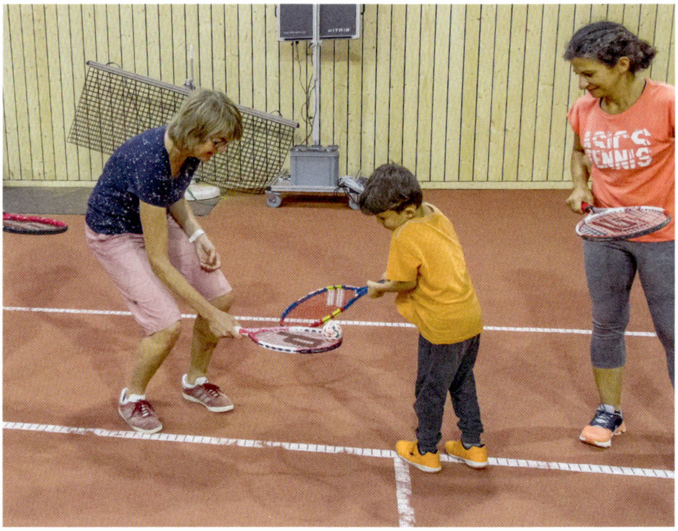

Die Handwerker stehen in einer Reihe mit ca. 1 – 2 m Abstand und müssen das Material wieder ans andere Ende des Raumes transportieren. Sie dürfen sich nicht bewegen. Das Material wird mit dem Tennisschläger übergeben. Fällt etwas herunter, darf es entweder wieder aufgenommen werden, oder das Material muss wieder von vorne durchgegeben werden.

Variante 1: Es gibt zwei gleich große Teams. Welches Team schafft es am schnellsten, alle Bälle auf die andere Seite zu transportieren?

Variante 2: Es gibt Zweier-Teams aus Mutter und Kind. Das Material darf zwischen den Schlägern eingeklemmt und transportiert werden. Wer bringt sein Material am schnellsten zur Baustelle?

Übung 4: Mauerbau

Die Handwerker müssen eine Mauer aus Bechern bauen und hinterher wieder abreißen. Jeder darf immer ein Baumaterial transportieren und muss dann das nächste holen. Die Mauer wird in einem bestimmten Bereich aufgebaut. Egal, ob alle nebeneinander oder übereinander, jedes Team kann kreativ seine eigene Mauer bauen. Sobald alle Becher gestapelt sind, soll die Mauer wieder eingerissen werden. Jeder Handwerker kann einen Ball nehmen, bis zu einer Markierung laufen und von dort werfen oder rollen.

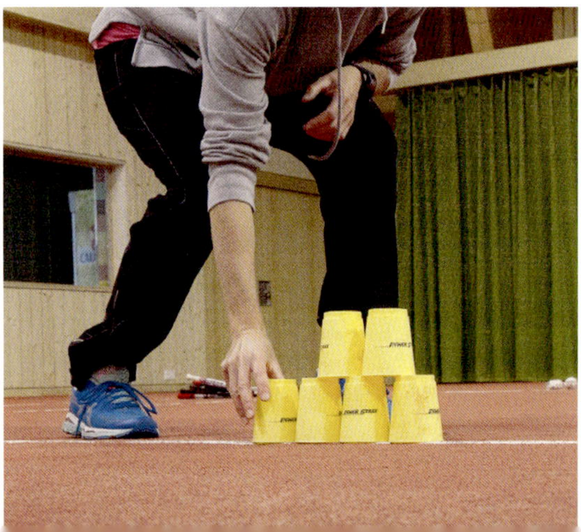

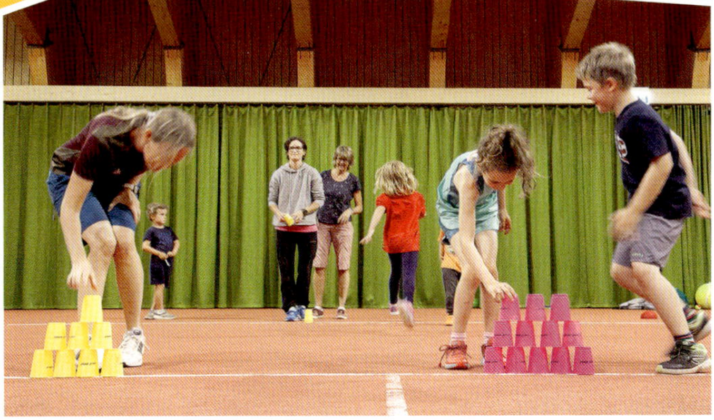

Variante: Es gibt zwei gleich große Teams. Am Start hat jedes Team gleich viele Becher und gleich viele Bälle. Immer einer startet und die Becher werden in der Zielzone aufgebaut. Welches Team hat zuerst seine Mauer aufgebaut und wieder eingerissen? Vor dem Spiel kann festgelegt werden, in welcher Art das Haus eingerissen werden muss. Große Bälle können mit der Hand oder dem Schläger gerollt werden, Tennisbälle gerollt oder nur über dem Kopf geworfen werden etc.

Übung 5: Baustelle absperren

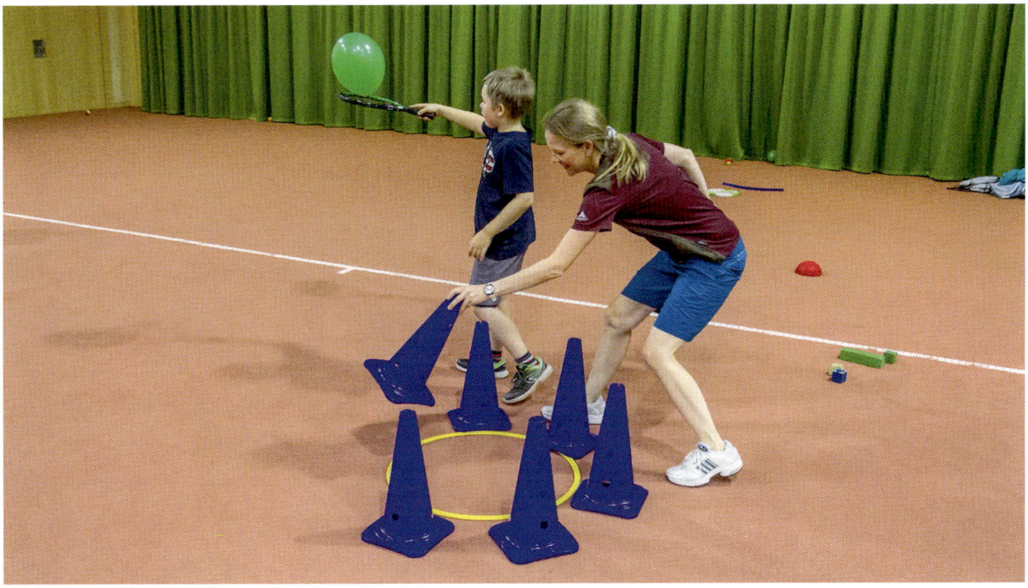

Eine Baustelle wird immer mit Hütchen abgegrenzt, z. B. ein Ring kann das Loch sein, damit niemand hineinfällt. Nun sollen sechs bis acht Hütchen um die Baustelle aufgebaut werden. Als Erstes wird ein Ballon hochgespielt und dann darf ein Hütchen aufgebaut werden. Erst spielt das Kind einen Ballon hoch, nimmt ein Hütchen und baut es auf. In der Zeit spielt die Mutter den Ballon hoch und nimmt dann ebenfalls ein Hütchen. Sind alle Hütchen aufgebaut, sollen sie auch wieder gestapelt werden.

Übung 6: Hammer und Nagel

Die Handwerker müssen rechts und links die Nägel in die Wand hauen. Der Hammer ist der Schläger und die Bälle oder Luftballons sind der Nagel. Die Mütter platzieren die Bälle jeweils so, dass die Kinder immer abwechselnd rechts und links die Bälle schlagen können.

a) Es wird Vorhand und Rückhand gespielt.

b) Es wird Vorhand und Rückhandvolley gespielt.

c) Der Nagel muss über dem Kopf eingeschlagen werden, d. h. es wird eine Smash- oder Aufschlagbewegung gemacht.

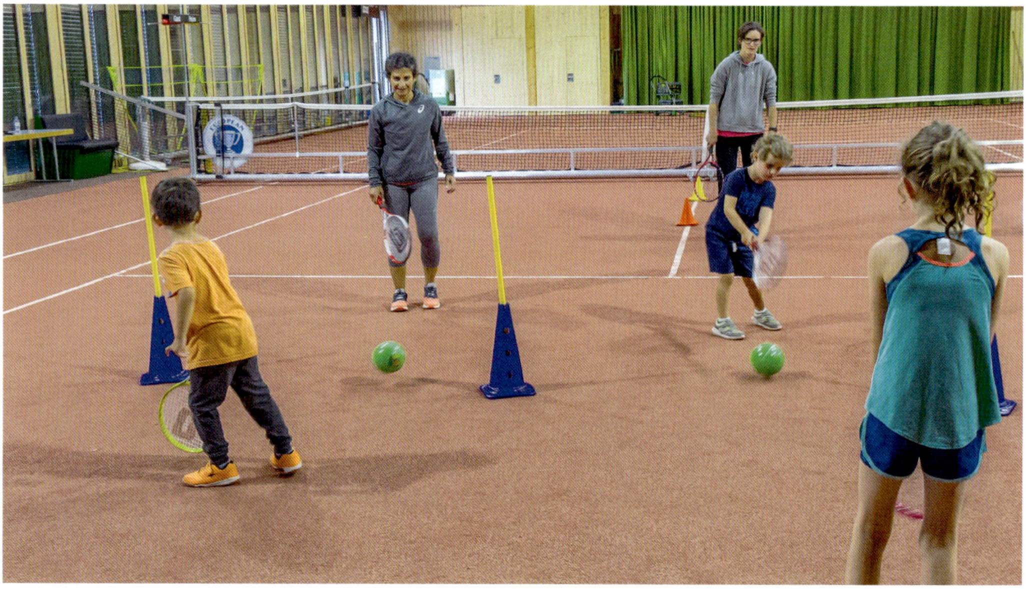

Variante 1: Die Bauarbeiter sollen über dem Kopf einen Nagel einhauen und nehmen den Schläger wie einen Hammer in die Hand. Die Mutter hält einen Ball an einer Schnur hoch, sodass die Kinder ihn mit gestrecktem Arm über dem Kopf treffen können.

Variante 2: Schaffen es die Bauarbeiter, einen Nagel in die Wand zu hauen, der an einer Schnur hängt, dann können sie einen Ball hochwerfen und mit der Aufschlagbewegung aus der Luft schlagen.

Abschluss:

Es wird das Abschlusslied gesungen und alle können ein Feedback über die Stunde abgeben. Jedes Kind darf sagen, was es gelernt hat und welche seine Lieblingsübung war.

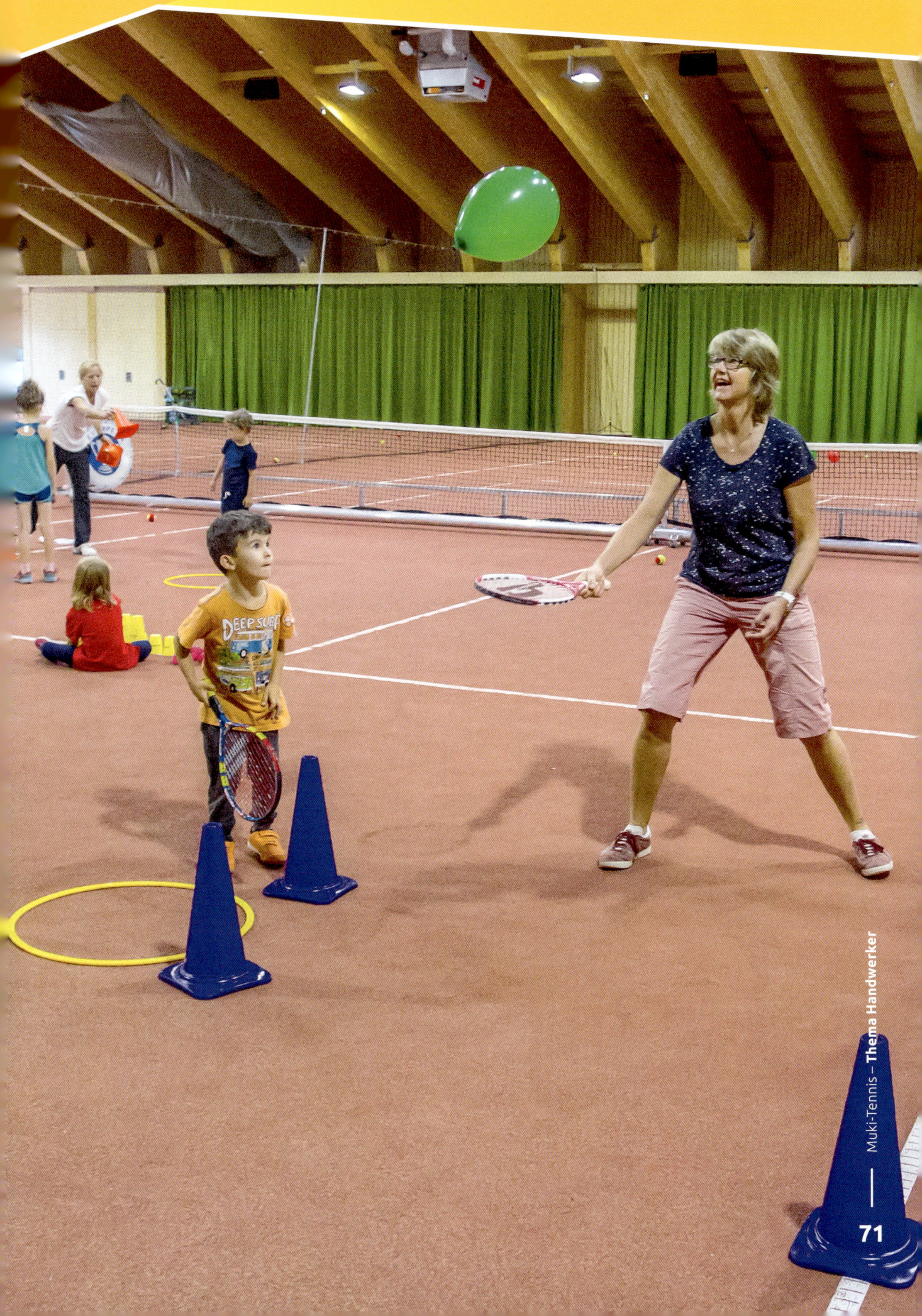
DEEP SURF

Thema Wikinger

Zielsetzung:

- eigene Kräfte kennenlernen und messen
- direkter Körperkontakt
- vielfältige Bewegungserfahrungen im Miteinander und Gegeneinander
- Verantwortung für sich und den Partner übernehmen
- Selbstvertrauen gewinnen
- Verbesserung der koordinativen Fähigkeiten
- spielerischer Umgang mit dem Schläger
- Einführung in die Grundbewegungen der Tennisschläge
- Spaß an der Bewegung und der körperlichen Auseinandersetzung

Material:

Bilder von Wikingern, große Bälle, Sprungseile

Hinweis zur Stunde: Übungen 1 und 8 sind Gruppenübungen. Alle Übungen können aber auch als Stationen mit mindestens zwei Kindern aufgebaut oder mit allen gemeinsam durchgeführt werden. Bei dem Thema ist es wichtig, dass Regeln festgelegt werden, und die Mütter sollen dafür sorgen, dass sie auch eingehalten werden. Sie sind die Schiedsrichter der Wikinger und folgende Regeln gelten:

- Bei jeder Station sollen sich die Wikinger mit dem Wikinger-Gruß begrüßen und verabschieden (die Kinder können sich die Wikinger-Begrüßung selbst ausdenken).
- Es gibt ein für alle gültiges Stopp-Signal (klatschen, Stopp rufen oder pfeifen).
- Es darf kein Schmuck getragen werden.
- Haare werden zusammengebunden.
- Es darf nicht an den Haaren gezogen werden.
- Es werden die Kräfte gemessen, aber niemand darf jemand anderem wehtun.

Einstieg:

Als Erstes wird das Begrüßungslied gesungen. Danach wird das Thema besprochen und die Bilder zu dem Thema gezeigt. Heute wird gefragt, was die Kinder und

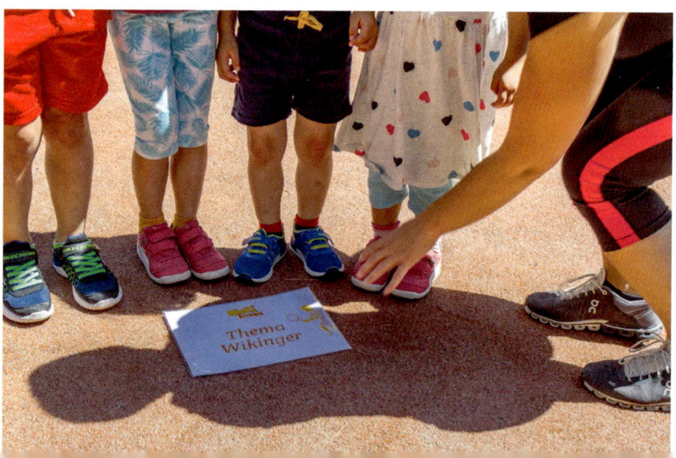

Mütter über Wikinger wissen und was diese früher gemacht haben. Die Wikinger liebten es, ihre Kräfte zu messen, und sie waren sehr mutig. Sie sind gerne zur See gefahren und haben viel Neues entdeckt, aber auch geraubt und Schätze gestohlen. Dann wird die Wikinger-Begrüßung und Verabschiedung festgelegt und ein für alle gültiges Stopp-Signal.

Übung 1: Schatz beschützen

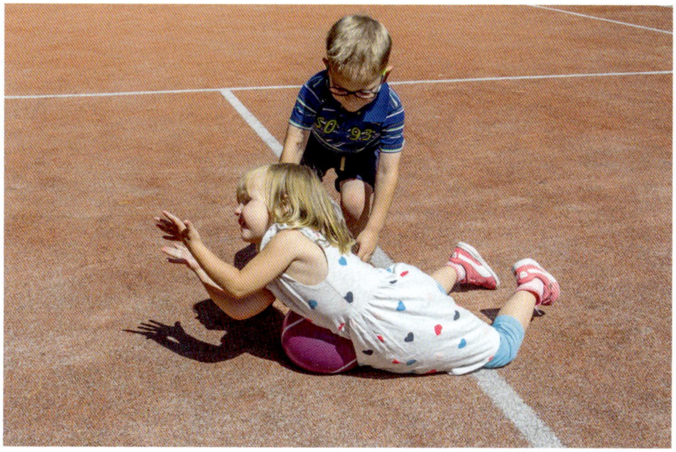

Zum Aufwärmen sollen die Wikinger versuchen, einen Schatz zu stehlen (der Schatz ist ein Ball). Auf dem Platz liegen halb so viele Bälle wie Kinder. Die Kinder bewegen sich durch die Halle und auf ein Signal sollen die schnelleren Kinder sich auf den Ball legen, um ihn abzuschirmen. Die weniger schnellen Kinder, die sich nicht auf einen Ball gelegt haben, sollen nun versuchen, an den Ball heranzukommen. Sie dürfen die anderen Kinder vom Ball herunterziehen oder drehen. Pro Ball nur zwei Kinder. Dann geht es weiter.

Übung 2: Hüftringen

Die Kinder stehen zu zweit hintereinander, das hintere Kind umfasst die Hüften des Partners und versucht diesen festzuhalten. Das Ziel ist, dass das vordere Kind den Schatz, den Ball, erreicht. Danach ist Wechsel.

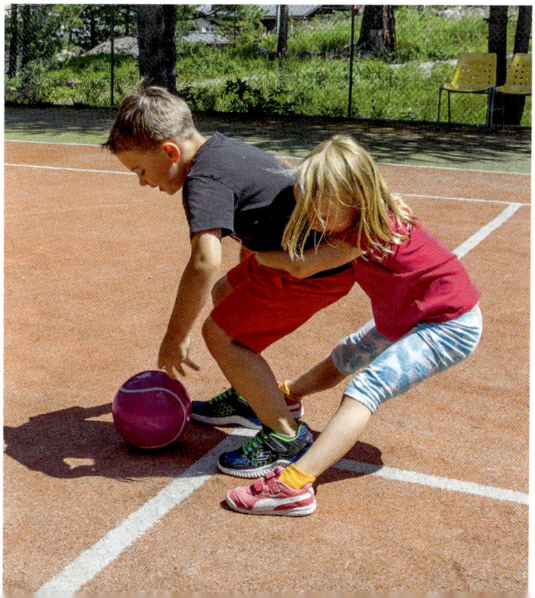

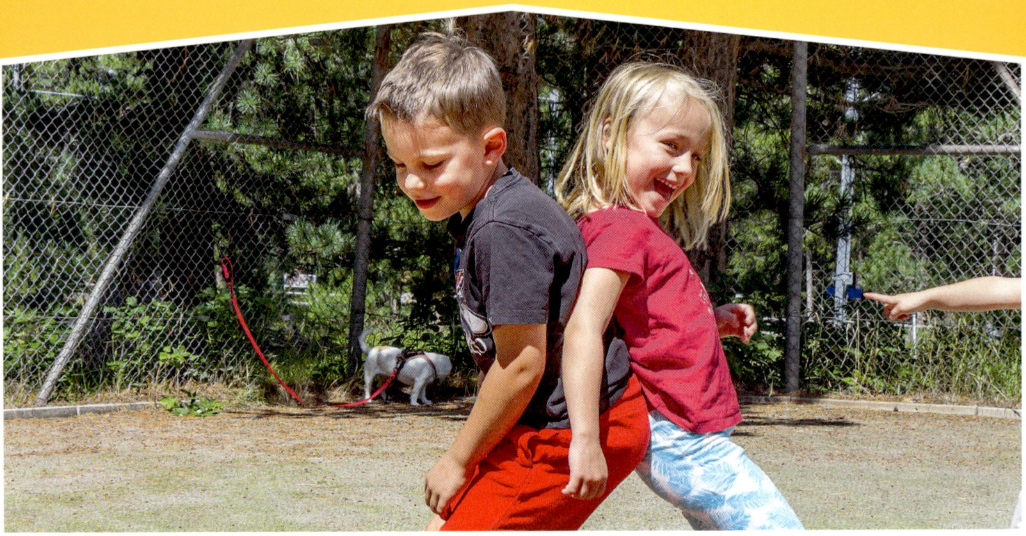

Übung 3: Hand- oder Rückendrücken

Die Kinder stehen sich zu zweit gegenüber in der Mitte des Feldes und drücken die Hände aneinander. Sie versuchen, sich gegenseitig zur anderen Seite des Platzes zu drücken. Ist ein Kind über der Ziellinie, ist der Kampf beendet.

Variante: Die Kinder stehen Rücken an Rücken und gehen in die Knie. Nun müssen sie sich rückwärts bis über die Linie schieben.

Übung 4: Oberarm- oder Schulterdrücken

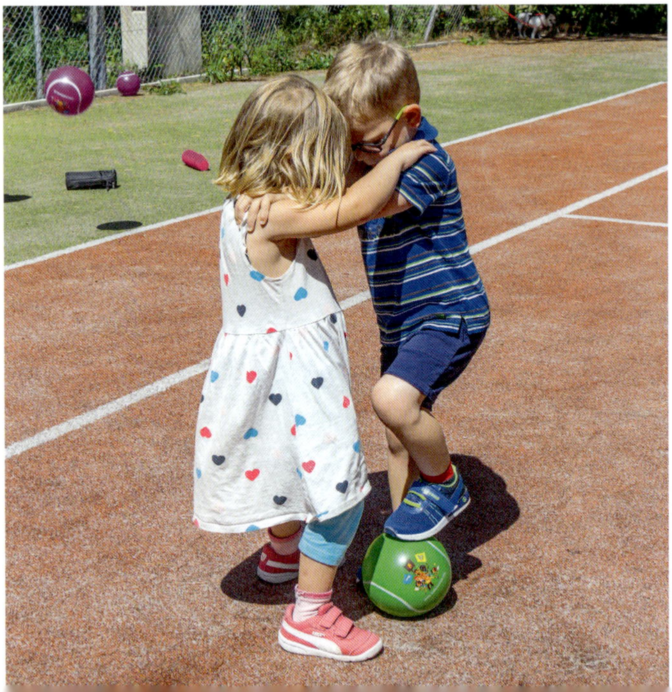

Die Kinder fassen sich an den Oberarmen oder der Schulter. Unter ihnen in der Mitte liegt ein Ball. Dieser soll vorsichtig mit einem Fuß berührt werden. Jede Berührung gibt einen Punkt, die Mütter zählen mit. Rollt der Ball weg, dann müssen sich die beiden gemeinsam bewegen, bis der Ball wieder unter ihnen liegt.

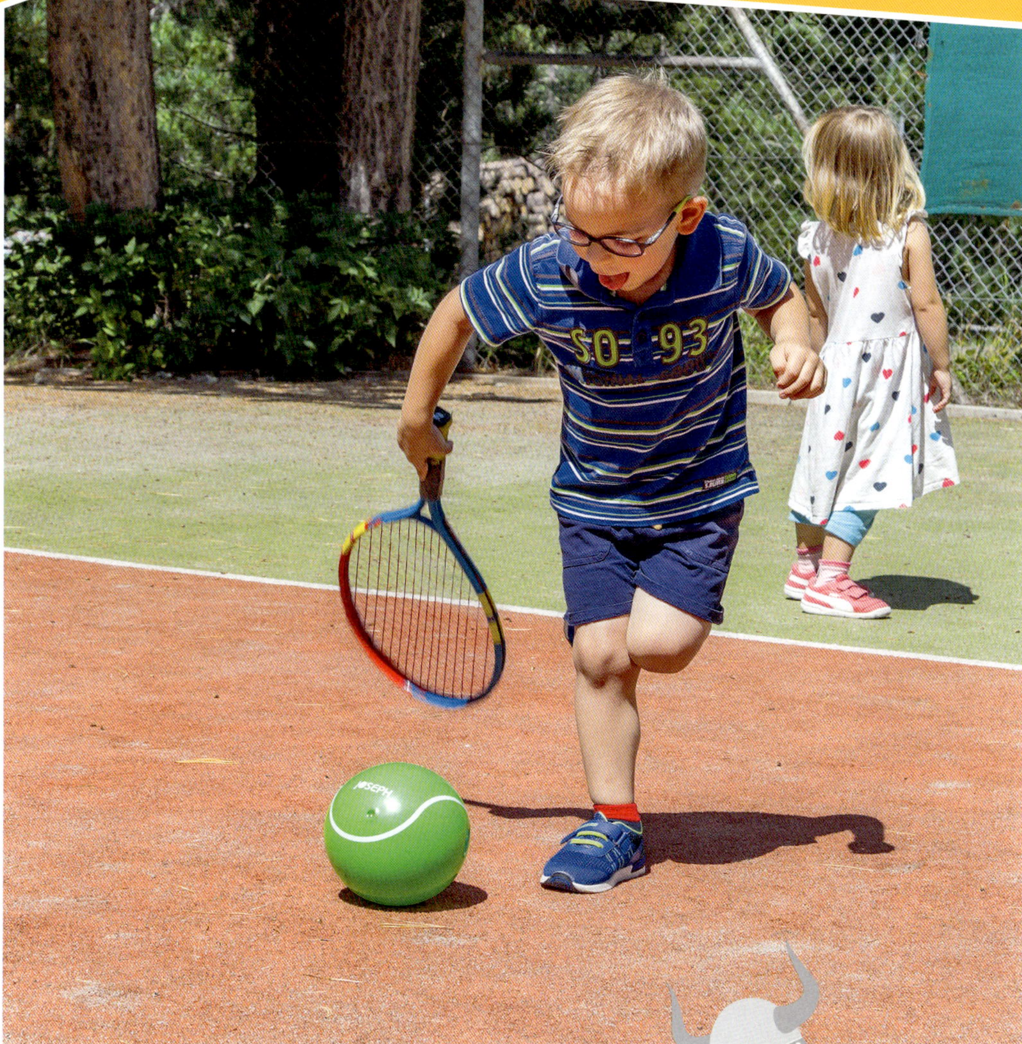

Übung 5: Einbeinhüpfen

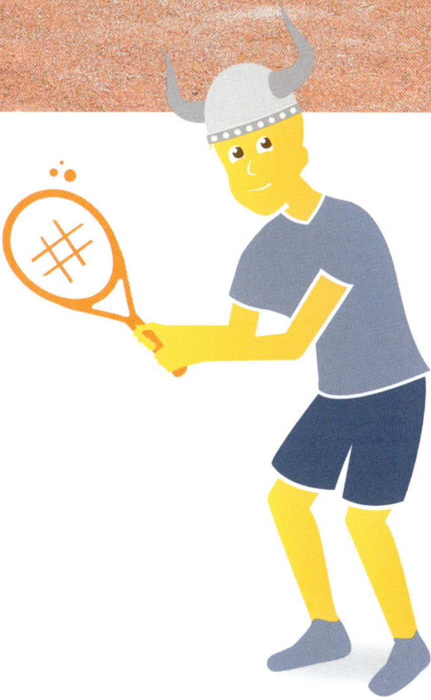

Die Kinder hüpfen auf einem Bein. Das Bein wird entweder vorne hochgezogen und festgehalten oder hinten festhalten. Nun sollen sie

a) einen Ball mit dem Schläger rollen oder
b) einen Ball auf dem Schläger tragen;
c) anschließend die Seiten wechseln.

Übung 6: Teamrennen

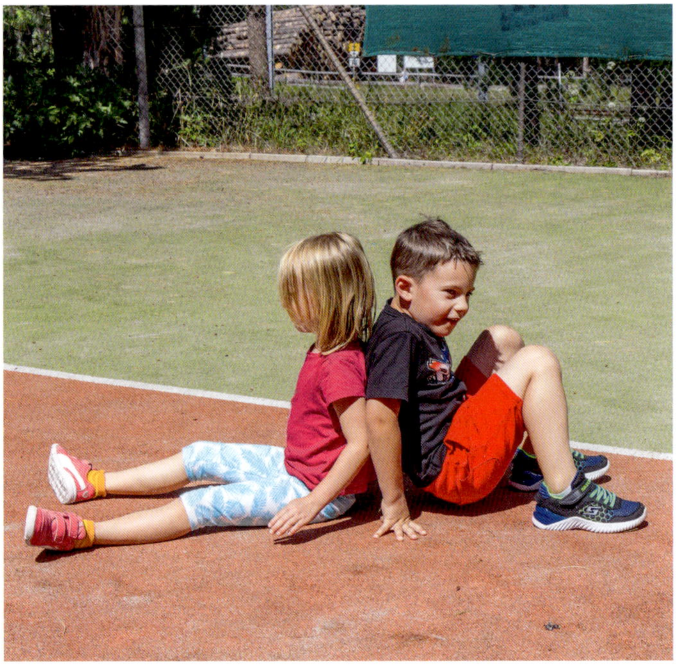

Die Wikinger treten in Zweier-Teams gegeneinander an. Sie sitzen Rücken an Rücken. Auf Kommando müssen sie gemeinsam aufstehen und sich ins Ziel bewegen.

Variante: Die Kinder sitzen sich gegenüber und haben ein Sprungseil in der Hand. Auch hier müssen sie auf Kommando ohne Hände aufstehen und ins Ziel rennen.

Übung 7: Wikinger-Schach

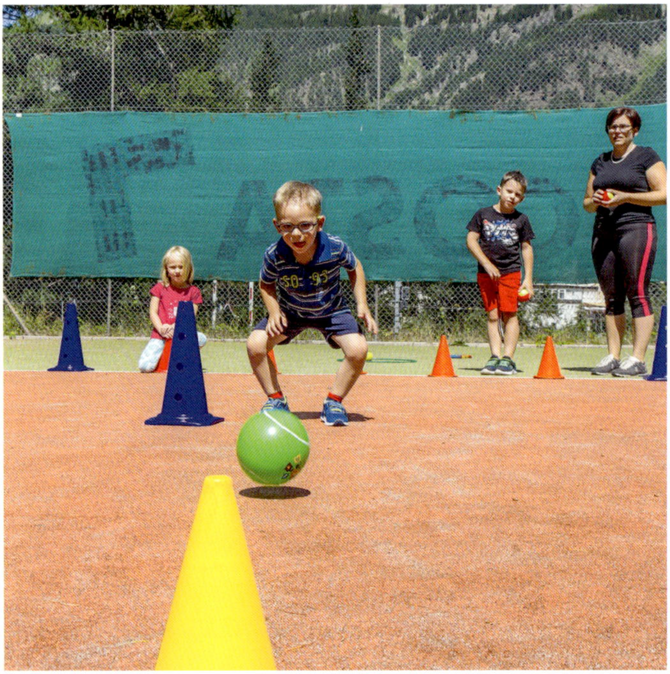

Zwei Kinder spielen hier gegeneinander oder Mutter und Kind spielen gemeinsam gegen eine andere Mutter mit Kind. Die Spieler stehen sich im Abstand von ca. 4 m gegenüber oder zwei Personen stehen auf der Einzellinie und zwei auf der Servicelinie. Jedes Team hat auf der eigenen Linie sechs bis acht Hütchen aufgebaut. In der Mitte des Spielfeldes steht der König. Nun darf jeder aus dem einen Team dreimal werfen und versuchen, die Hütchen abzuwerfen. Wird ein Hütchen getroffen, wird es von der Linie entfernt. Danach ist das andere Team mit sechs Würfen dran. Das Team, das alle Hütchen getroffen hat, darf auf den König werfen. Wer diesen zuerst trifft, hat gewonnen. Wird das Spiel zeitlich vorher beendet, gewinnt das Team, das die meisten Hütchen getroffen hat.

Übung 8: Schiffe versenken

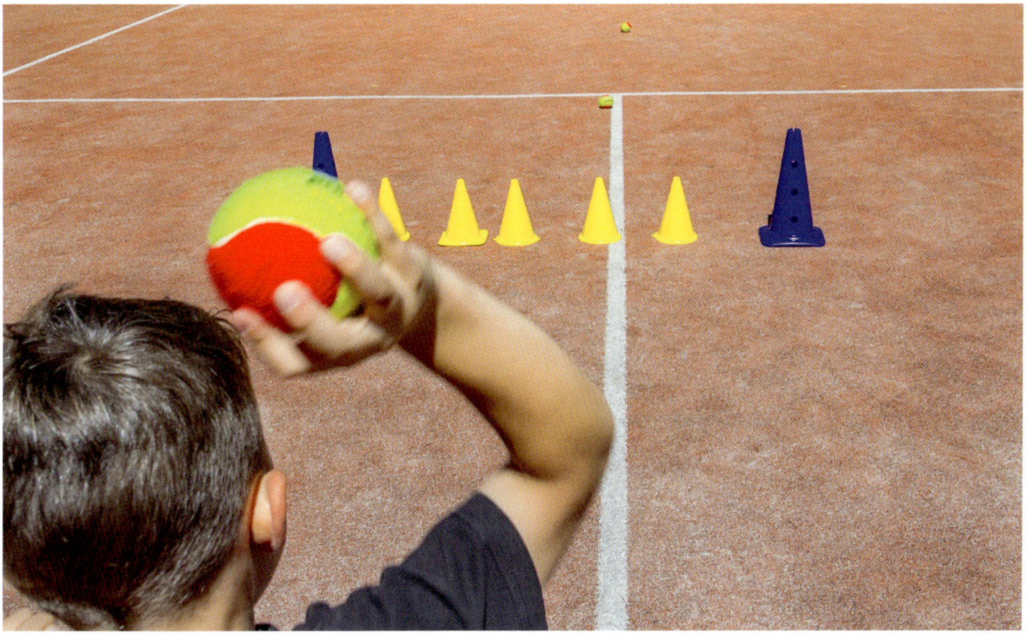

Zum Abschluss kämpfen die Wikinger noch einmal alle gemeinsam. Ihre Waffen sind die Tennisschläger und die Tennisbälle sind die Kugeln. Damit versuchen sie, die feindlichen Schiffe zu versenken, die auf der anderen Seite des Netzes aufgebaut sind. Die Kugeln

a) können sie selber aus dem Korb nehmen und mit einem Schlag der Wahl über das Netz schießen;

b) können von der Mutter zugeworfen werden;

c) können von dem Leiter angespielt werden.

Abschluss:

Es wird das Abschlusslied gesungen und alle können ein Feedback über die Stunde abgeben. Jedes Kind darf sagen, was es gelernt hat und welche seine Lieblingsübung war.

Thema Zeitung

Zielsetzung:

- vielfältige Bewegungserfahrungen sammeln
- Umgang mit einem ungewöhnlichem Material – Zeitungspapier
- Kreativität, Ausprobieren, Experimentieren
- Teamgeist entwickeln
- Verbesserung der koordinativen Eigenschaften
- fangen und werfen
- zielen
- taktisches bzw. räumliches Denken
- spielerischer Umgang mit dem Schläger und Bällen aus Papier
- Einführung in die Grundbewegung des Volleys und des Schmetterballs

Material:

Zeitungspapier

Hinweis zur Stunde: Übung 1 und 6 sind Gruppenübungen, die Übungen 2 bis 5 können als Stationen aufgebaut oder mit allen gemeinsam durchgeführt werden.

Einstieg:

Als Erstes wird das Begrüßungslied gesungen. Danach wird das Thema besprochen und es werden verschiedene Zeitungen gezeigt. Heute wird gefragt, was die Kinder und Mütter über Zeitungen wissen. Wer liest überhaupt noch Zeitungen und was steht darin? Was macht ihr mit altem Zeitungspapier?

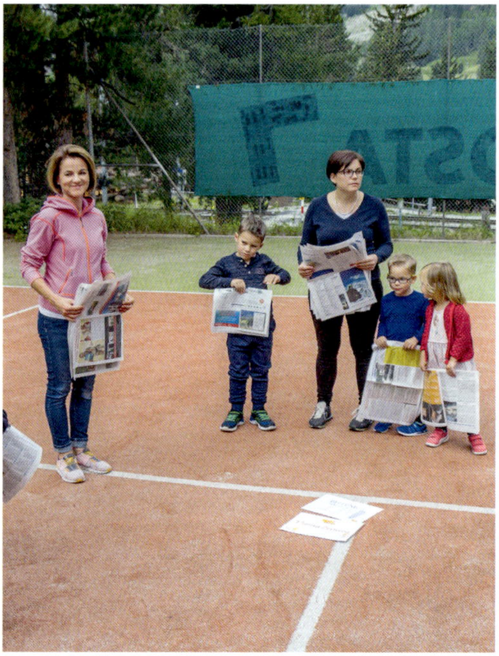

Übung 1: Weg aus Zeitungspapier

Jedes Kind und jede Mutter erhält sechs bis acht Blätter Zeitungspapier. Alle stellen sich im Abstand von ca. 2 m auf dem

Platz auf. Die Aufgabe ist es, miteinander Wege zu bauen. Eine Mutter wirft einen Ball zu einem Kind, dies darf nun ein Stück Papier auf den Boden legen. Das Kind wirft dann wieder zu einer Mutter, die ebenfalls ein Papier auf den Boden legen darf usw. Das Spiel wird so lange gespielt, bis alle Zeitungen miteinander verbunden sind und Wege entstanden sind. Mütter und Kinder können die Wege abgehen.

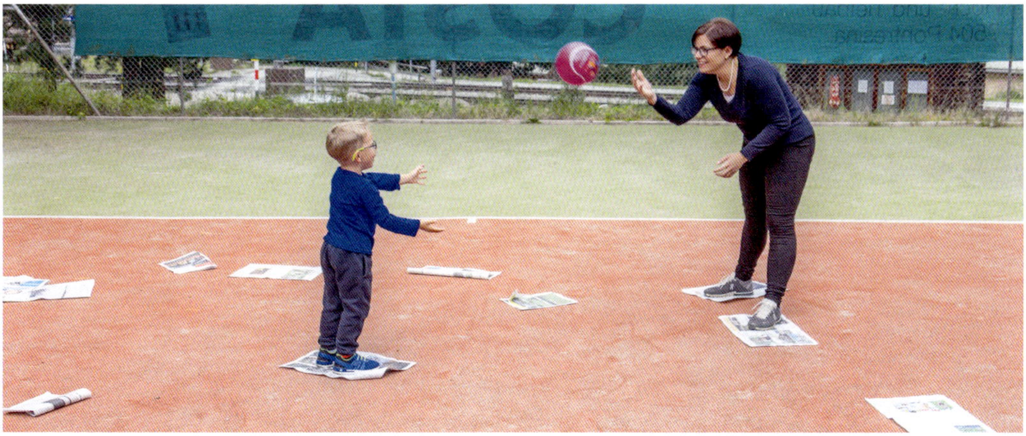

Übung 2: Balltransport mit Zeitung

Mutter und Kind transportieren einen Ball mit einem Blatt Zeitungspapier. Das Zeitungspapier liegt auf dem Boden und der Ball in der Mitte. Nun sollen sie das Blatt vorwärtsschieben, ohne dass der Ball hinunterrollt. Tut er es doch, darf er mit der Hand wieder auf das Blatt gerollt werden.

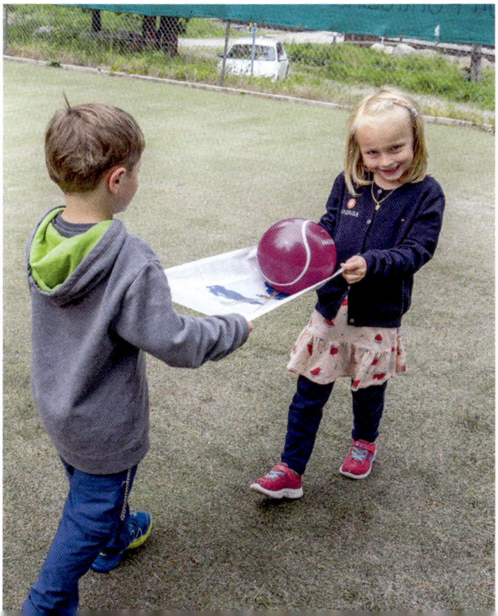

Variante: Es gibt ein Wettrennen in Zweier-Teams, entweder sind Mutter und Kind oder zwei Kinder zusammen. Pro Team liegt ein Blatt Zeitungspapier auf dem Boden und in der Mitte ist ein Ball. Jedes Team muss so schnell wie möglich das Zeitungspapier vorwärtsschieben bis ins Ziel und der Tennisball muss auf dem Blatt bleiben. Rollt der Ball hinunter, darf er mit einer Hand wieder auf das Blatt gerollt werden.

Variante: Der Tennisball wird auf dem Zeitungspapier getragen.

Übung 3: Papierhut

Jeder hat ein Blatt Zeitungspapier oder einen gefalteten Papierhut auf dem Kopf liegen und muss auf dem Schläger einen Ball

a) über den Platz tragen;
b) über den Schläger kreisen lassen;
c) prellen;
d) in der Luft halten, ohne den Hut zu verlieren.

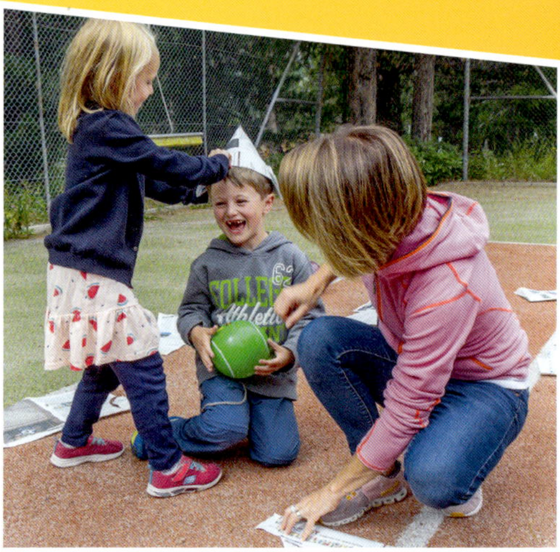

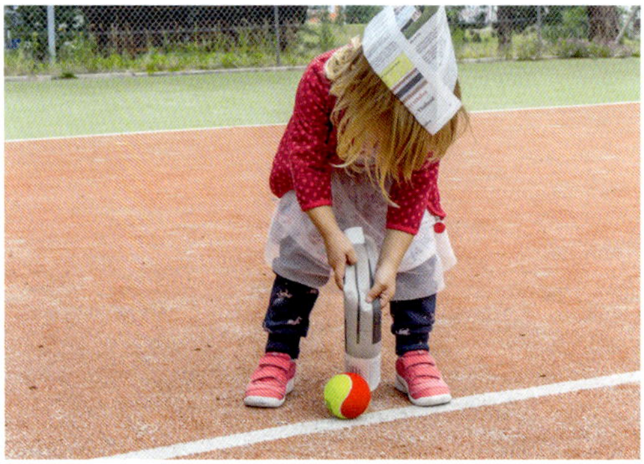

Übung 4: Papierrolle

Aus dem Zeitungspapier werden Rollen gemacht. Damit werden

a) Bälle über den Platz gerollt;
b) Bälle hin und her gerollt;
c) Luftballons in der Luft gehalten;
d) zu zweit Luftballons hin und her gespielt.

Übung 5: Zeitungspapierkugeln

Aus einzelnen Seiten Zeitungspapier werden Papierkugeln geknüllt. Die Zeitungspapierkugeln werden mit dem Tennisschläger gespielt.

a) Die Kugel wird in der Luft gehalten.
b) Die Mutter wirft dem Kind zu, dieses spielt die Kugel als Volley oder über dem Kopf zurück.
c) Mutter und Kind versuchen, die Kugel in der Luft hin und her zu spielen.

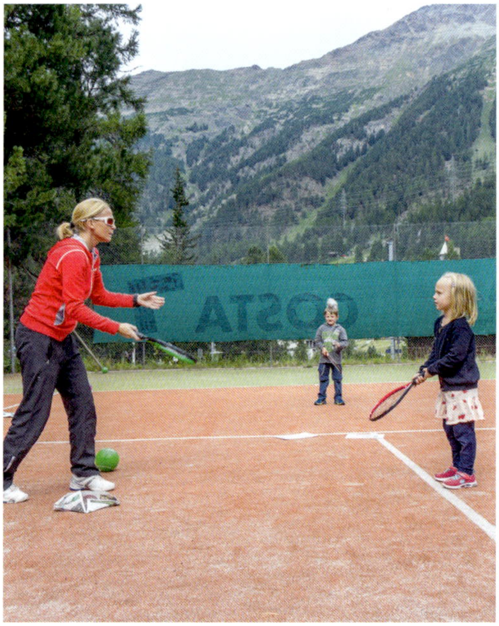

Übung 6: Takeshi

Die Gruppe wird in zwei Teams aufgeteilt. Wenn die Mütter gegen die Kinder spielen, sorgt dies garantiert für einen Riesen-Spaß. Es wird ein japanisches Spiel gespielt, das Takeshi heißt. Ein Team läuft und das andere Team wirft. Aus dem Zeitungspapier werden lauter Kugeln geknüllt. Für das Läuferteam wird ein Hindernisparcours aufgebaut. Die Werfer legen sich ihre Kugeln hinter einer Linie oder Absperrung parat, die sie nicht überschreiten dürfen. Die Aufgabe der Läufer ist es, jeweils einen Tennisball auf die andere Seite des Parcours in einen Korb zu bringen, ohne abgeworfen zu werden. Wird ein Läufer getroffen, muss er wieder von vorne anfangen und sich hinten anstellen. Hat ein Läufer einen Ball ins Ziel gebracht, darf er einen weiteren nehmen und sich wieder anstellen. Der nächste Läufer darf jeweils starten, wenn ein Ball im Ziel ist oder ein anderer Läufer getroffen wurde. Das Spiel ist aus, wenn es keine Zeitungspapierbälle mehr gibt. Welches Team schafft es, mehr Bälle ins Ziel zu transportieren?

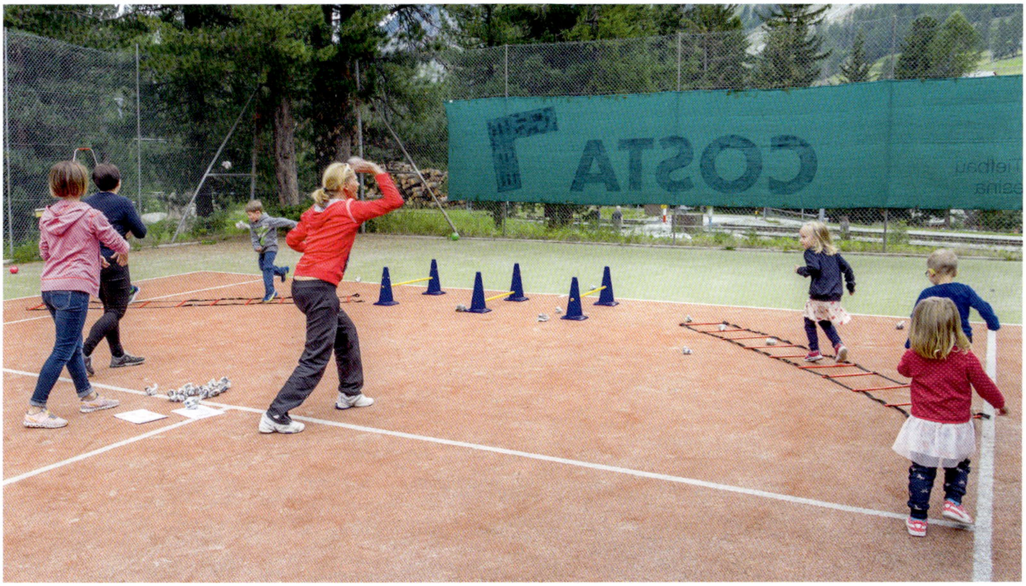

Variante: Das Spiel kann auch auf Zeit gespielt werden. Dann darf ein Spieler des Werfer-Teams hinter die Absperrung, um die Bälle zurückzubringen.

Abschluss:

Es wird das Abschlusslied gesungen und alle können ein Feedback über die Stunde abgeben. Jedes Kind darf sagen, was es gelernt hat und welche seine Lieblingsübung war.

Thema Ballon

Zielsetzung:

- mit Luftballons und Tüchern experimentieren und sich bewegen
- Bewegungserfahrungen alleine, zu zweit und in der Gruppe
- Verbesserung der Augen-Hand-Koordination
- Verbesserung der koordinativen Fähigkeiten
- Förderung von Kreativität
- spielerischer Umgang mit dem Schläger
- Einführung in die Grundbewegungen von verschiedenen Schlägen

Material:

Viele verschiedene Ballons, ein großes und viele kleine Tücher, Schnur

Hinweis zur Stunde: Übung 1 und 8 sind Gruppenübungen, die Übungen 2 bis 7 können als Stationen aufgebaut oder mit allen gemeinsam durchgeführt werden.

Einstieg:

Als Erstes wird das Begrüßungslied gesungen. Danach wird das Thema besprochen. Heute wird gefragt, was die Kinder und Mütter über Ballons wissen. Welche Farben, Größen und Formen haben sie?

Übung 1: Ballonsalat

In die Mitte des Platzes werden viele verschiedene Luftballons gelegt und mit einem großen oder mehreren kleinen Tüchern abgedeckt. Die Kinder dürfen sich ein Tuch und/oder einen Luftballon aussuchen und damit über den Platz bewegen. Nach einer gewissen Experimentierphase sollen die Kinder

a) die Ballons mit den Händen,
b) mit den Füßen,
c) mit dem Kopf,
d) mit dem Schläger,
e) mit den Fäusten,
f) mit den Fingerspitzen
g) oder mit anderen Materialien oder Körperteilen in der Luft halten.

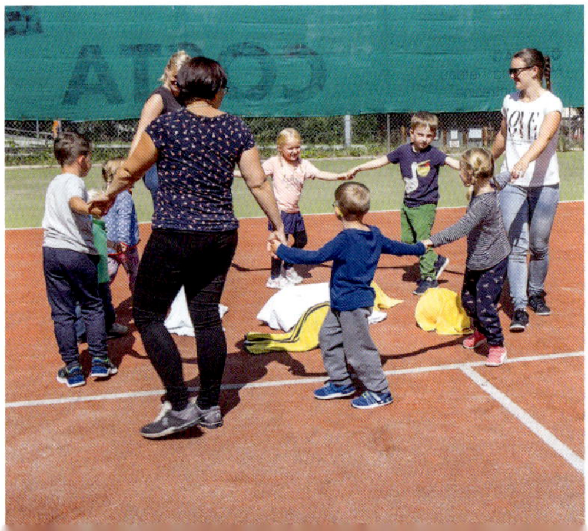

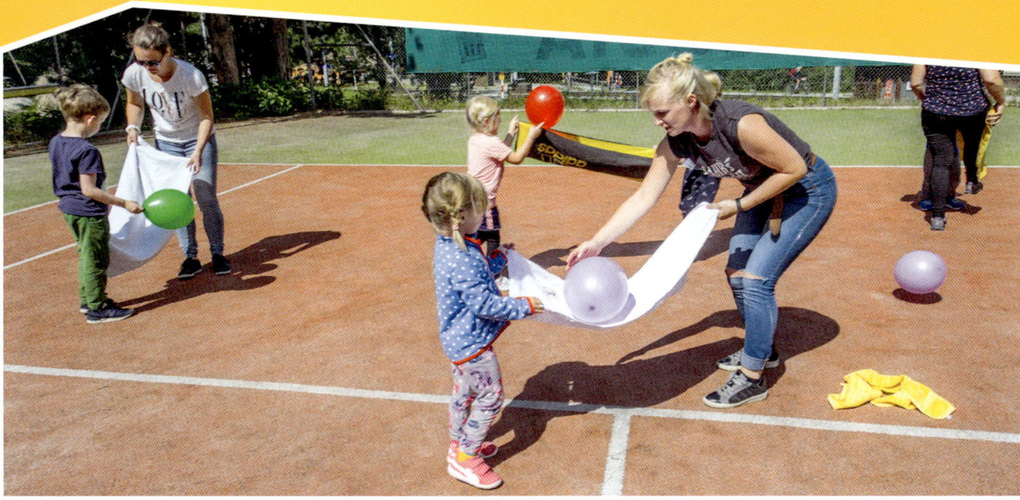

Übung 2: Ballontransport mit Tuch

Mutter und Kind halten ein Tuch in den Händen. Sie sollen damit in unterschiedlichen Positionen

a) den Luftballon in der Luft halten;
b) den Luftballon vorwärts und rückwärts transportieren;
c) eigene Ideen mit Tuch und Schläger umsetzen;
d) etwas vormachen, was die anderen Teams nachahmen müssen.

Hierfür müssen sich die Teams überlegen, wie sie am besten den Ballon transportieren. Die Kinder sollen die Ideen geben, die Mütter setzen es dann gemeinsam mit ihnen um.

Übung 3: Ballontransport mit Schläger

Das Tuch wird durch zwei Schläger ersetzt. Sie sollen damit in unterschiedlichen Positionen

a) den Luftballon in der Luft halten;
b) den Luftballon vorwärts und rückwärts transportieren (abwechselnd schlagen oder einklemmen);
c) den Luftballon hin und her spielen;
d) eigene Ideen mit Ballon und Schläger umsetzen;
e) etwas vormachen, was die anderen Teams nachahmen müssen.

Hierfür müssen sich die Teams überlegen, wie sie am besten den Ballon transportieren. Die Kinder sollen die Ideen geben, die Mütter setzen es dann gemeinsam mit ihnen um.

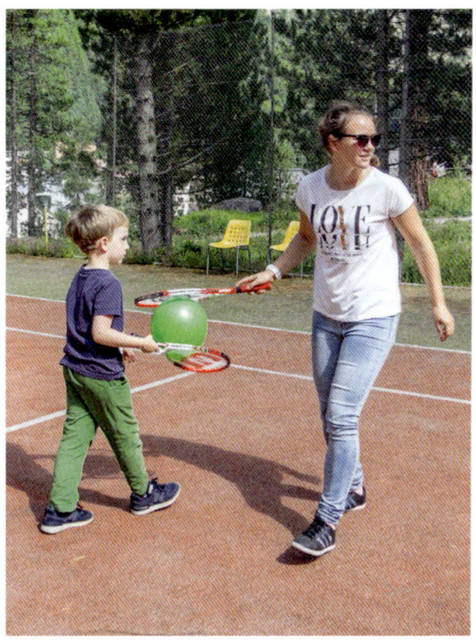

Übung 4: Ballon an der Schnur

Die Mutter hält einen Luftballon an einer Schnur auf verschiedenen Höhen fest. Die Kinder sollen den Ballon mit der rechten und der linken Hand sowie mit Vorhand- und Rückhand-Bewegungen schlagen:

a) auf Bodenhöhe
b) auf Kniehöhe
c) auf Hüfthöhe
d) auf Schulterhöhe
e) über dem Kopf

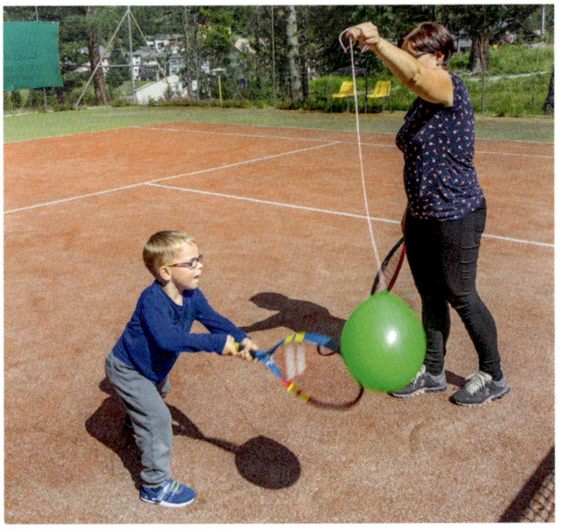

Übung 5: Ballonjagd

Entweder die Mutter oder das Kind hat einen Ballon irgendwo am Körper festgebunden und wird von der anderen Person gejagt. Hier können sich die Kinder aussuchen, ob sie zuerst Jäger oder Gejagte sein wollen. Sobald der Jäger den Ballon mit der Hand berührt, wird gewechselt.

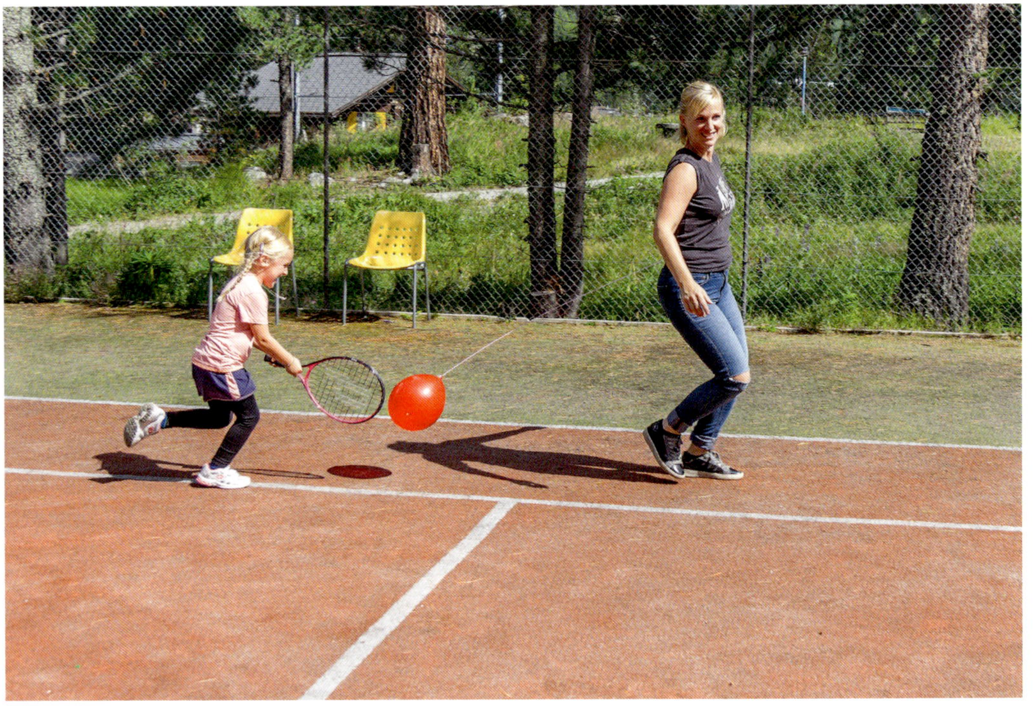

Übung 6: Triff den Ballon

Die Mutter hält den Ballon an der Schnur oder am Knoten hoch in die Luft. Das Kind soll den Ballon mit dem Tennisball abwerfen. Schafft das Kind drei oder fünf Treffer ist Wechsel.

Variante: Wie viele Treffer schafft das Kind mit zehn Bällen und wie viele schafft die Mutter?

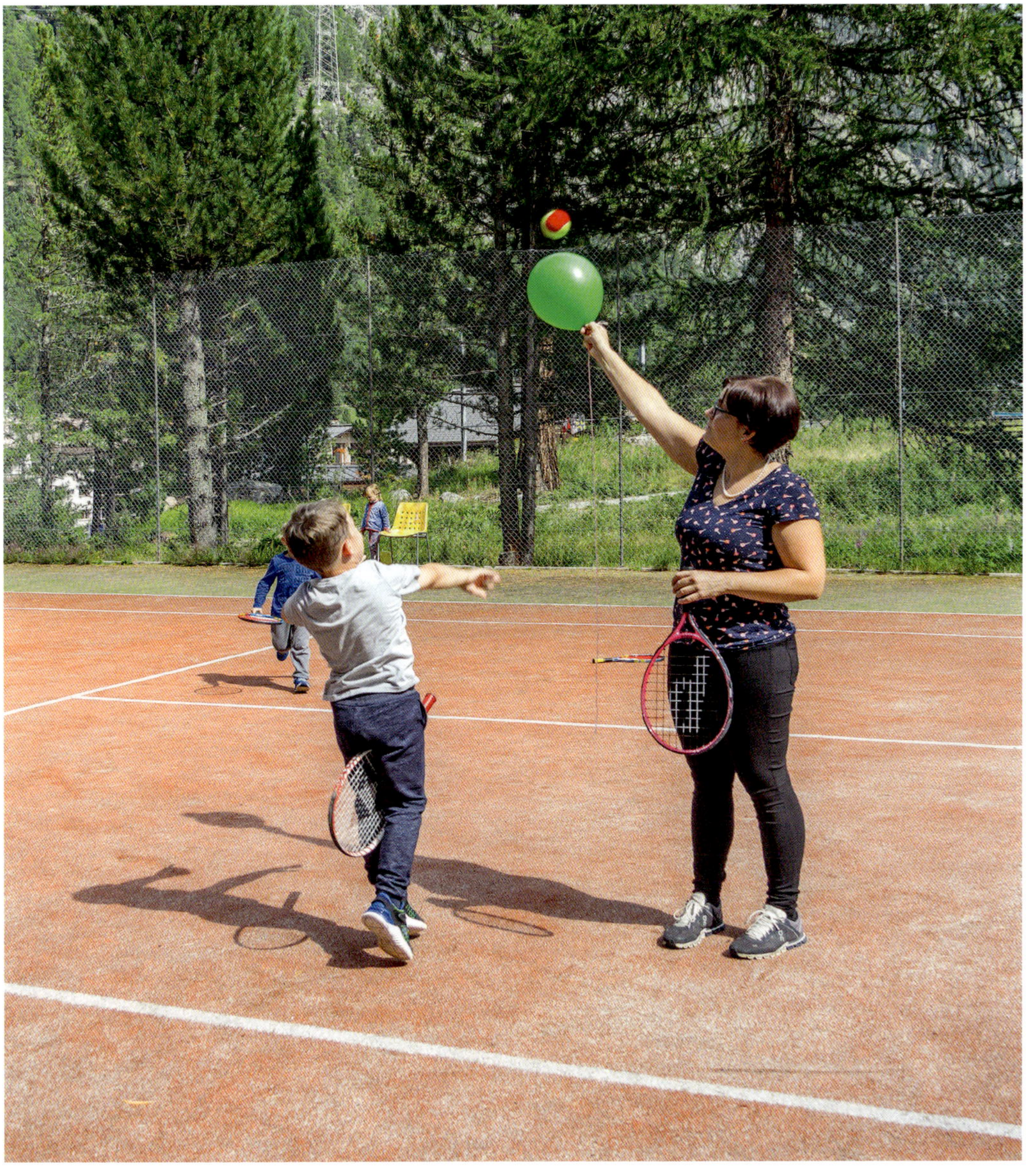

Übung 7: Berühr den Ball

Mutter und Kind stehen sich gegenüber und die Mutter hat einen Ballon in der linken Hand. Es kann, aber es muss kein Netz dazwischen sein. Die Mutter wirft langsam einen Ball und das Kind soll diesen mit dem Schläger zurückspielen und versuchen, den Ballon zu treffen. Die Mutter darf bzw. muss sich bewegen und ebenfalls versuchen, den Ball mit dem Ballon zu berühren.

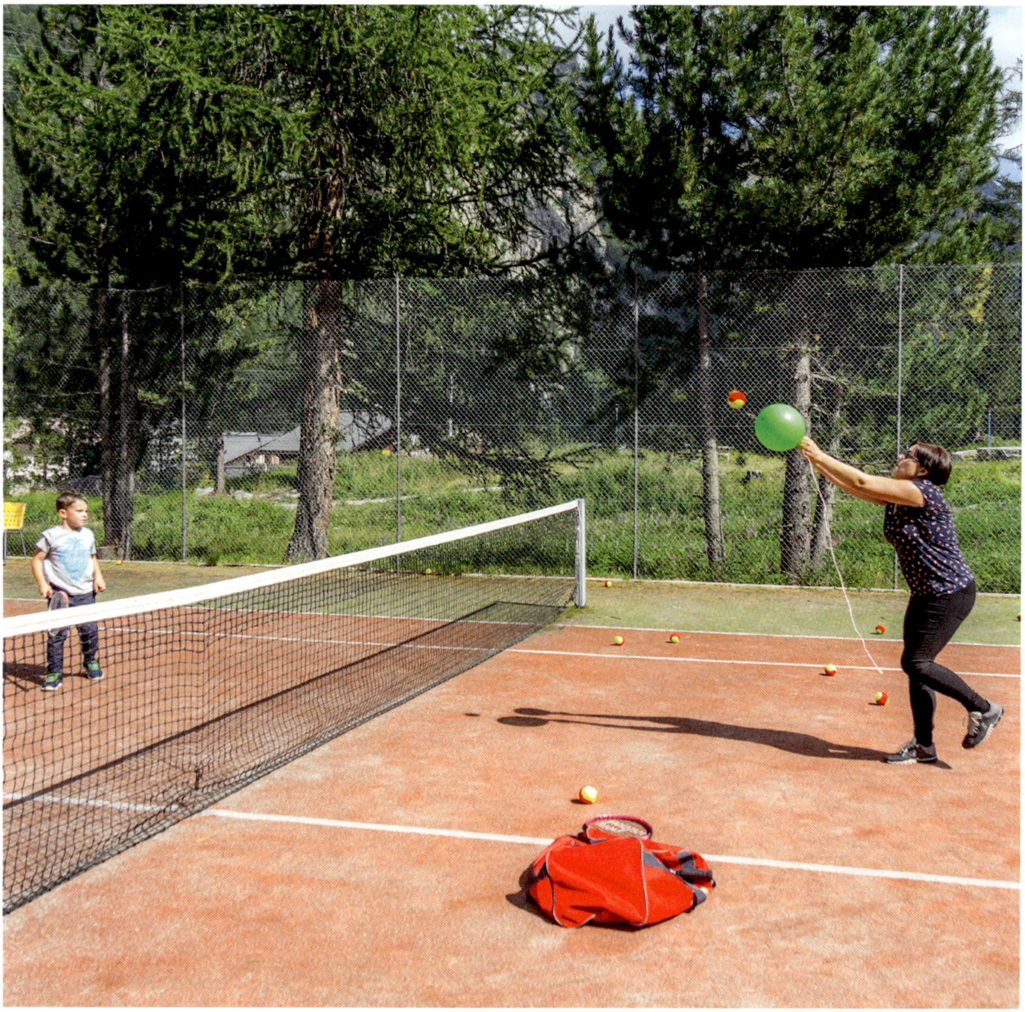

Variante: Mütter und Kinder spielen alle als Teams gegeneinander. Trifft der Tennisball den Ballon, gibt es einen Punkt für das Team. Welches Team zuerst zehn Punkte hat, hat gewonnen.

Übung 8: Der große Knall

Jeder hat einen Luftballon mit einer Schnur am Fuß und jeder spielt gegen jeden. Das Ziel ist es, alle Ballons platzen zu lassen. Wer als Letztes einen intakten Ballon am Fuß hat, hat gewonnen.

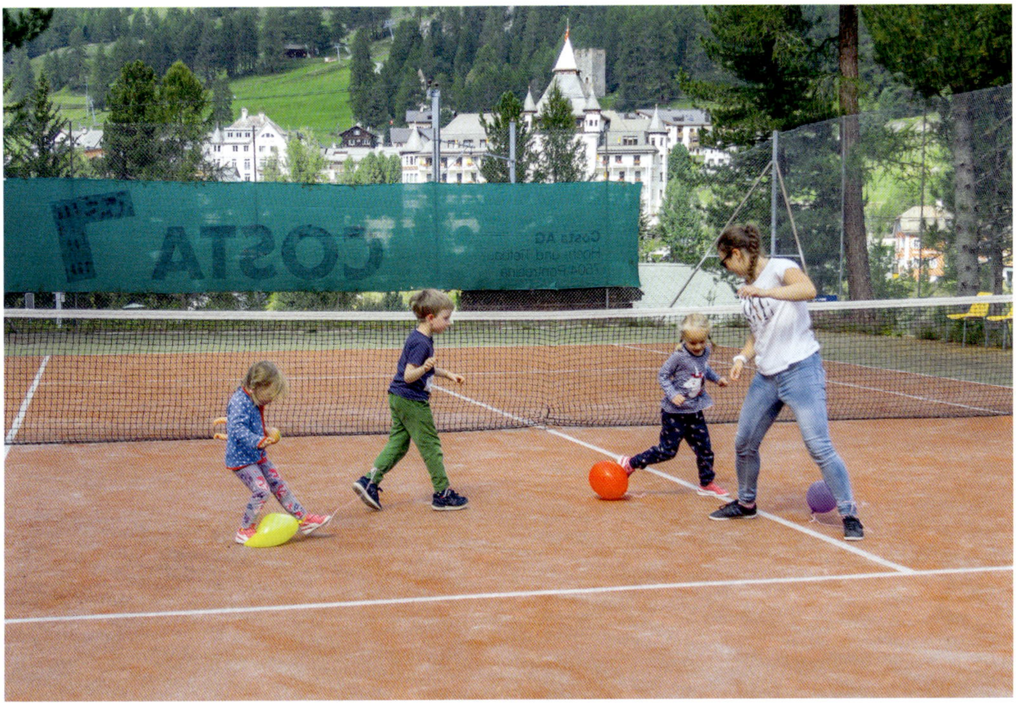

Abschluss:

Es wird das Abschlusslied gesungen und alle können ein Feedback über die Stunde abgeben. Jedes Kind darf sagen, was es gelernt hat und welche seine Lieblingsübung war.

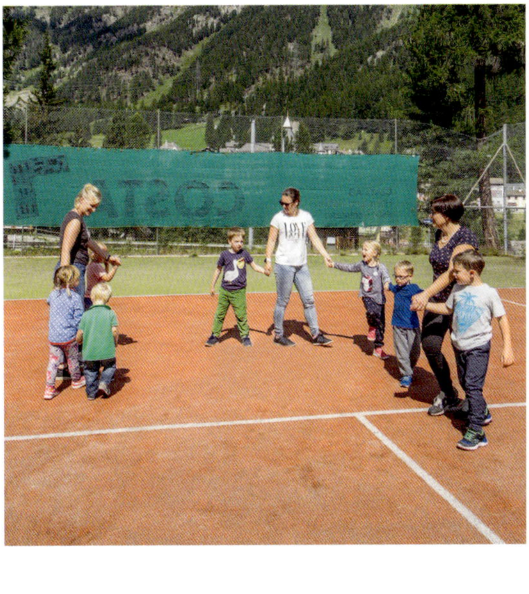

Thema Piraten

Zielsetzung:

- in die spannende Welt der Piraten eintauchen
- Mutproben bestehen und auf Schatzsuche gehen
- Verbesserung der koordinativen Fähigkeiten
- sich gegenseitig herausfordern
- gemeinsam Hindernisse bewältigen
- spielerischer Umgang mit dem Schläger
- Einführung in die Grundbewegungen von Vorhand, Rückhand, Volley und Aufschlag

Material:

Bilder von Piraten, Schlüssel (echte oder gebastelte), Igel, Klötze, Leiter, Schatzkiste mit Inhalt, alte Stoffreste (z. B. ein altes Bettlaken), Edding-Stift

Hinweis zur Stunde: Alle Übungen sollten gemeinsam durchgeführt werden, dann sind das Bestehen der Mutproben und die Schatzsuche ein gemeinsames Erlebnis und viel spannender.

Einstieg:

Als Erstes wird das Begrüßungslied gesungen. Danach wird das Thema besprochen und die Bilder zu dem Thema gezeigt. Heute wird gefragt, was die Kinder und Mütter über Piraten wissen, wann und wie sie gelebt haben und was sie gemacht haben. Die Piraten waren sehr mutige und kampferprobte Seefahrer, die andere überfallen haben, um Schätze zu rauben und diese zu verstecken.

Übung 1: Piratennamen

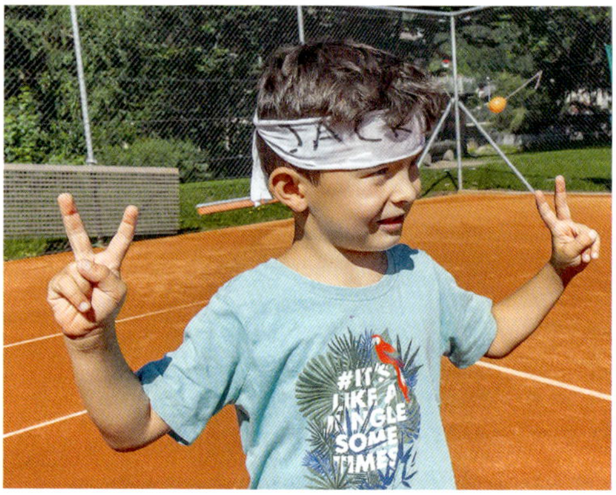

Als Erstes bekommt jeder ein Stirnband aus Stoff oder ein Kopftuch. Alle sitzen im Kreis und es wird eine Kanonenkugel hin und her gerollt. Jeder, der den Ball fängt, soll sich nun einen neuen Piratennamen ausdenken. Um sich den Namen besser merken zu können, wird der Name auf das Stirnband geschrieben. Wenn alle einen

Piratennamen haben, dann werden die Teile einer Schatzkarte gezeigt. Darauf sind verschiedene Mutproben zu sehen. Nur wenn die Piraten alle Mutproben bestanden haben, kann die Schatzkarte zusammengesetzt werden, und die Piraten können sich auf die Suche nach dem Schatz machen.

Übung 2: Abenteuerpfad

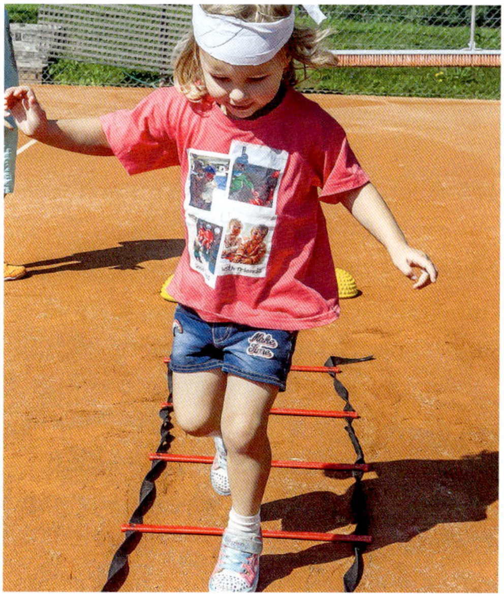

Als Erstes müssen die Piraten einen gefährlichen Parcours überstehen, ohne ins Wasser zu fallen, denn darin sind viele Krokodile. Der Parcours besteht aus einer Hängebrücke (Leiter), wackeligen Steinen (Igel oder instabile Unterlage) und einem Sumpf, über den ein Weg aus Klötzen führt. Natürlich kann der Weg variabel gestaltet werden. Auch die Mütter müssen diesen abenteuerlichen Weg überstehen. Wenn alle Piraten diesen Weg dreimal geschafft haben, dann bekommen sie das erste Stück der Schatzkarte.

Variante: Für die einbeinigen Piraten gibt es einen Parcours durch eine Leiter, Ringe und um Hütchen herum, der auf einem Bein gehüpft werden muss. Hier sollte jedes Bein zweimal durch den Parcours hüpfen.

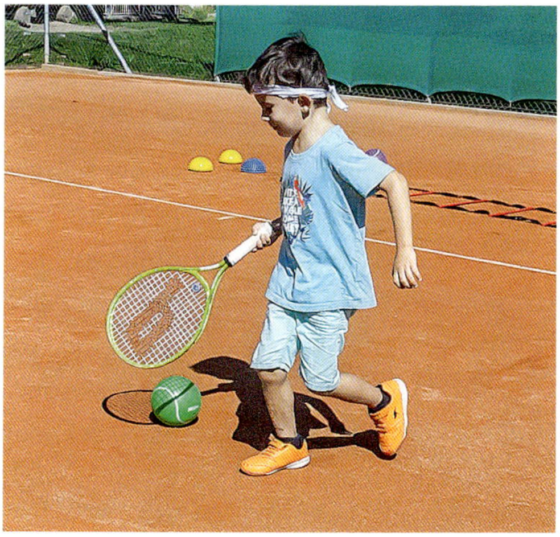

Übung 3: Kanonenkugeln

Die Piraten müssen für den Ernstfall üben und die Kanonenkugeln so schnell wie möglich zu den Kanonen rollen, um dort Hindernisse abzuschießen. Dafür rollen sie mit dem Schläger die großen Bälle durch einen Parcours und schießen dann mit der Vorhand- oder Rückhandbewegung auf ein Ziel. Wenn alle Ziele getroffen sind, erhalten die Piraten wieder ein Stück der Schatzkarte.

Übung 4: Fechten

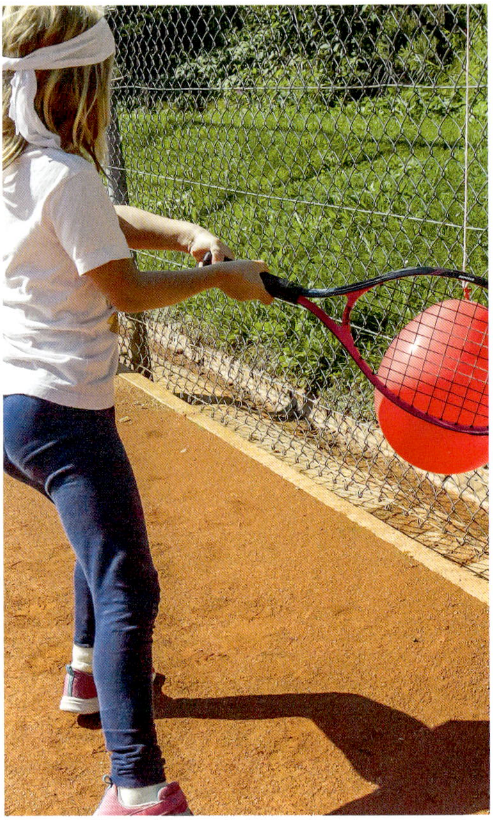

Die Piraten haben Säbel und müssen damit die Feinde treffen. Die Feinde sind Luftballons, die im Anstand von 3 – 4 m in unterschiedlichen Höhen am Zaun aufgehängt sind. Auf die Ballons können noch Gesichter gemalt werden. Dann rennen die Piraten an dem Zaun entlang und müssen jeden Feind mit einer Vorhandbewegung oder über dem Kopf schlagen. In der anderen Richtung entweder mit der linken Hand oder Rückhand-Bewegung und über dem Kopf. Jede Richtung sollte drei- bis fünfmal durchgeführt werden. Die Mütter schauen hier, dass die Piraten Abstand halten und nur einmal zuschlagen, damit sie sich nicht gegenseitig treffen. Hat jeder Pirat drei Durchgänge geschafft und dabei alle Feinde getroffen, dann gibt es wieder ein Stück der Schatzkarte.

Übung 5: Schiffe versenken

Die Piraten müssen Schiffe versenken und Schlüssel finden. Die Schlüssel sind unter Hütchen versteckt, die sie abschießen müssen. Es können Schlüssel aus Pappe, Spielschlüssel oder etwas anderes sein. Entweder gibt es auch hier wieder zwei Teams oder immer Zweier-Teams. Die Mütter werfen die Bälle zu und die Piraten müssen die Kegel umschießen. Es kann auch die Leiterin die Bälle anspielen, sodass die Mütter ebenfalls mitspielen können. Start ist im Piratenschiff, das ebenfalls mit Kegeln und Stangen markiert ist. Die Teams starten immer abwechselnd. Sobald alle Schlüssel gefunden wurden, dann gibt es ein weiteres Stück der Schatzkarte.

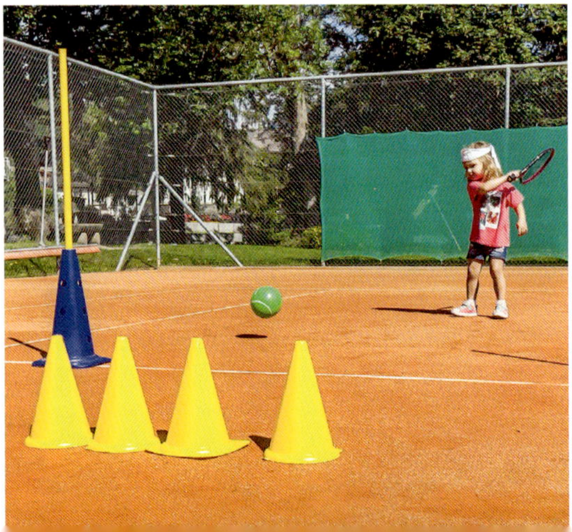

Variante: Falls der Leiter eine Schatztruhe mit einem echten Schlüssel hat, kann auch dieser irgendwo versteckt sein.

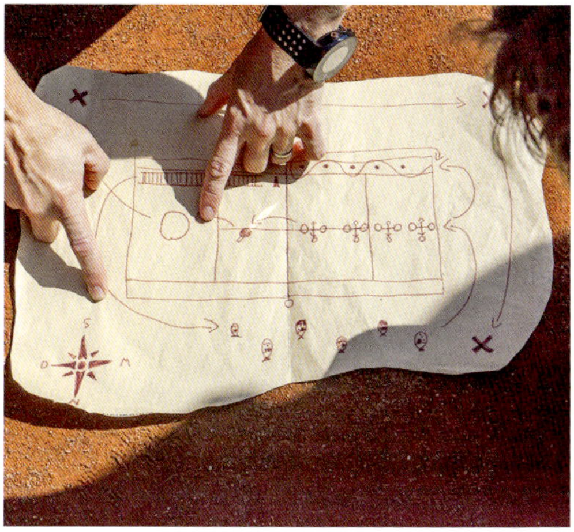

Übung 6: Schatzsuche

Die Piraten setzen sich zusammen und beratschlagen sich. Die Teile der Schatzkarte müssen zusammengesetzt werden. Nun gilt es, den Schatz zu finden und die Schatztruhe zu öffnen. Gibt es vielleicht auf dem Weg zur Schatztruhe noch eine Falle? Sind die Feinde da, die sie abschießen und ihnen den Schatz rauben wollen? Die Kinder können zum Beispiel von den Müttern mit Bällen beworfen werden und sie dürfen diese nicht berühren, oder sie können sie auch mit ihrer Waffe, dem Schläger, abblocken (Volley). Ist ein Pirat getroffen worden, dann muss er von vorn anfangen.

Variante: Im Sommer ist es toll, die Piraten mit Wasserbomben zu bewerfen.

Abschluss:

Es wird das Abschlusslied gesungen und alle können ein Feedback über die Stunde abgeben. Jedes Kind darf sagen, was es gelernt hat und welche seine Lieblingsübung war.

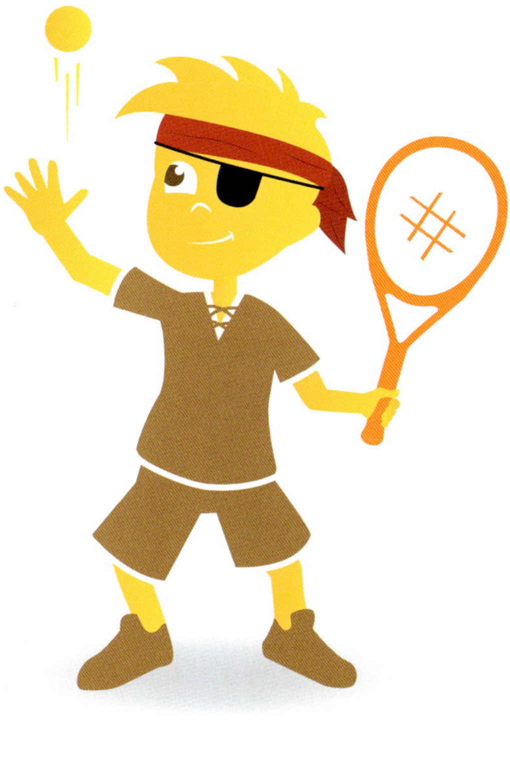

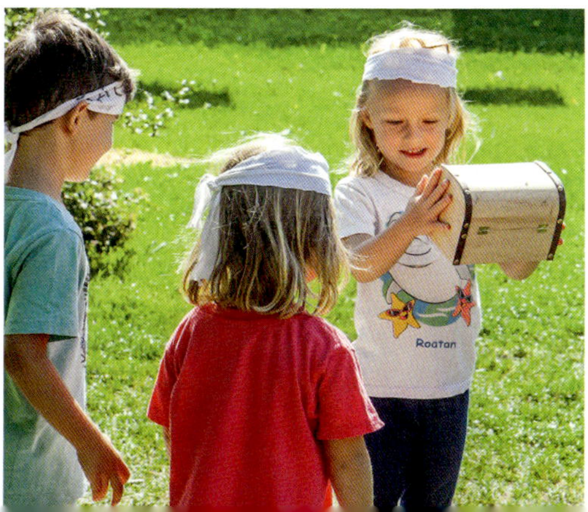

Thema Regen und Sturm

Zielsetzung:

- vielfältige Bewegungserfahrung
- Förderung von Fantasie und Kreativität
- Verbesserung der koordinativen Eigenschaften
- Signale merken und darauf reagieren
- Bewegung in alle Richtungen
- Lösungen im Team finden
- fangen und werfen
- Flugbahnen einschätzen
- spielerischer Umgang mit dem Schläger
- Einführung in die Grundbewegungen von Vorhand, Rückhand, Schmetterball, Aufschlag

Material:

Die Mütter sollen je einen alten Schirm mitbringen (falls keine Schirme zur Verfügung sind, können auch große Hütchen oder Stangen verwendet werden), Tücher, Ringe

Hinweis zur Stunde: Übung 1 ist eine Gruppenübung, die Übungen 2 bis 7 können als Stationen aufgebaut oder mit allen gemeinsam durchgeführt werden.

Einstieg:

Als Erstes wird das Begrüßungslied gesungen. Danach wird das Thema Wetter besprochen und die Bilder zu dem Thema gezeigt. Was für Wetter gibt es? Wer weiß, wie ein Gewitter, Regen oder ein Sturm entsteht? Welche Stürme gibt es?

Übung 1: Rettungsstation

Auf dem Platz werden Stangen, Schirme und Tücher verteilt. Je nach Kommando müssen die Kinder und Mutter entweder an eine Rettungsstation oder eine Bewegung ausführen. Es dürfen maximal zwei Personen an eine Rettungsstation. Die Leiterin ruft verschiedene Kommandos:
Donner: Alle müssen vor Schreck so hoch hüpfen, wie sie können.

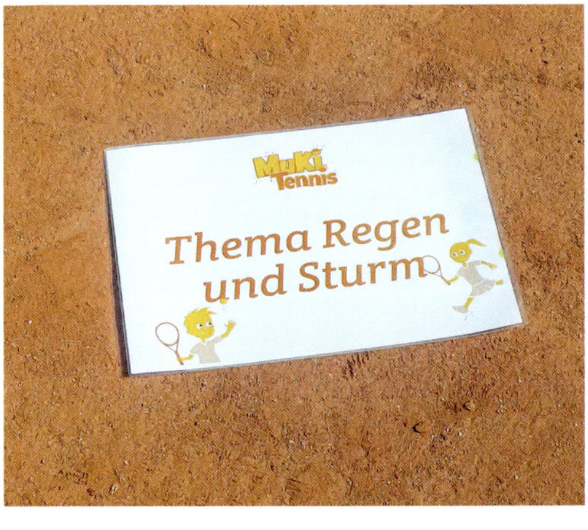

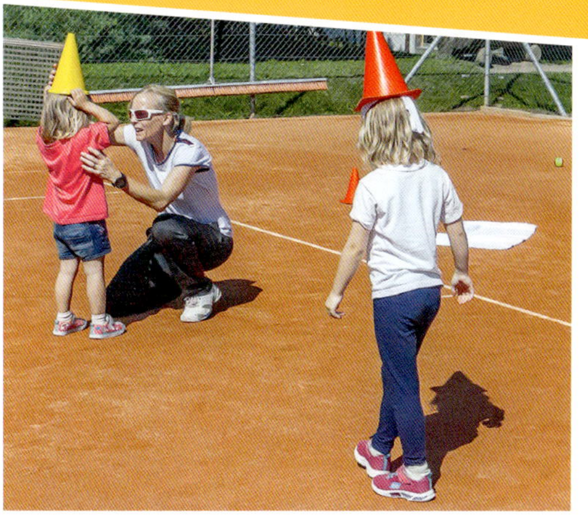

Blitz: Alle müssen einen Stab hochhalten als Blitzableiter.

Sturm: Alle müssen rückwärts laufen.

Regen: Jeder muss sich einen Schirm (Hütchen) suchen und ihn über den Kopf halten.

Sonnenschein: Alle dürfen sich auf ein Handtuch/Matte oder den Boden legen und ausruhen.

Variante: Ähnlich wie bei der Reise nach Jerusalem kann es hier immer eine Rettungsstation zu wenig geben.

Übung 2: Regenschirm-Kletterpartie

Die Mutter oder der Vater steht hinter dem Kind und hat den zusammengefalteten Schirm oder eine Stange in der Hand. Diesen hält er/sie an beiden Seiten und hält ihn vor

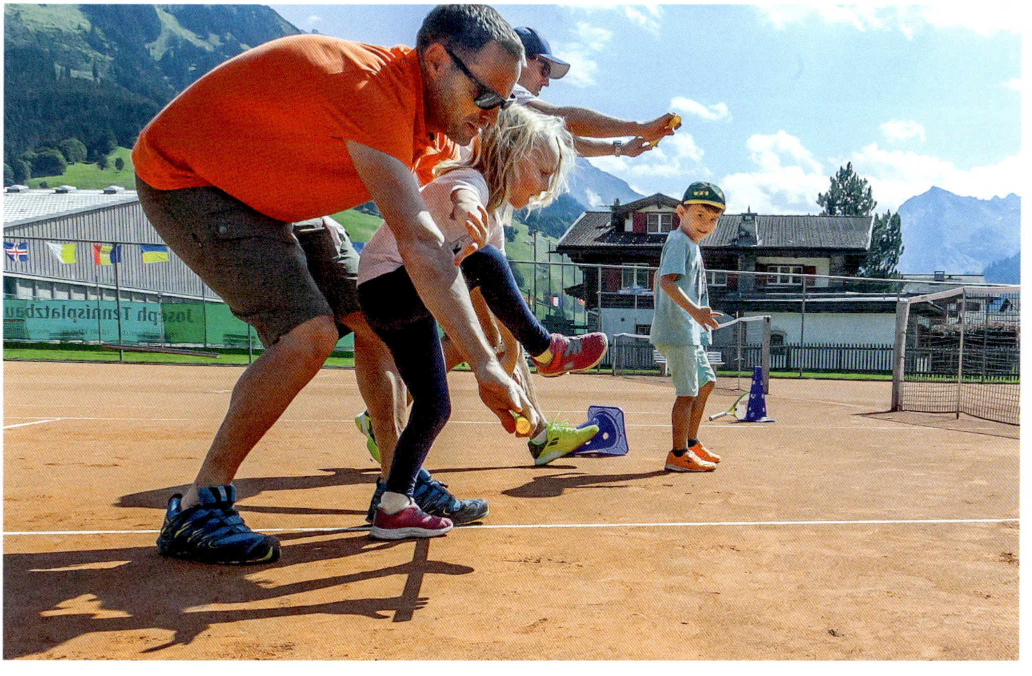

das Kind, dieses muss darüber klettern. Dann geht der Schirm wieder über den Kopf etc.

Variante: Es treten immer zwei Teams gegeneinander an oder alle als Zweier-Teams.

Übung 3: Regenschirm-Kreisel

Die Mutter dreht den offenen Schirm. In der Zeit, in der sich der Schirm dreht, soll das Kind Bälle hineinwerfen. Wie viele Bälle bleiben drinnen? Wer schafft am meisten?

Variante: Ist kein Schirm verfügbar, kann die Mutter in einem Ring stehen und diesen mit den Händen so vor sich festhalten, dass das Kind dort die Bälle hineinwerfen kann. Dabei kann die Mutter stehen oder sich leicht bewegen.

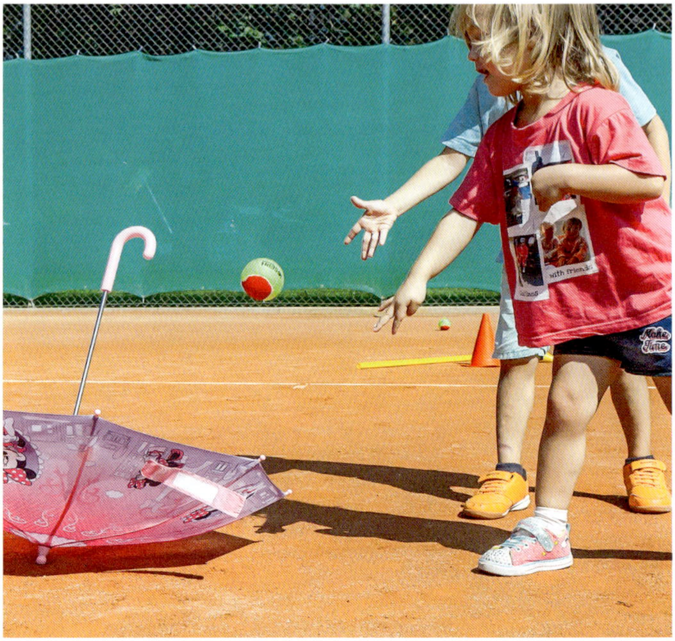

Übung 4: Sandsäcke

Durch den Regen steht eine große Überschwemmung bevor. Die Sandsäcke müssen so schnell wie möglich zum Staudamm transportiert werden. Vater oder Mutter und Kind stehen in einer Reihe ca. 1 – 2 m auseinander und werfen sich die Sandsäcke

a) aus der seitlichen Rotation nach rechts und links,

c) über dem Kopf

d) oder durch die Beine zu.

Die Sandsäcke sind entweder große Bälle oder mit Reis gefüllte Stoffsäckchen.

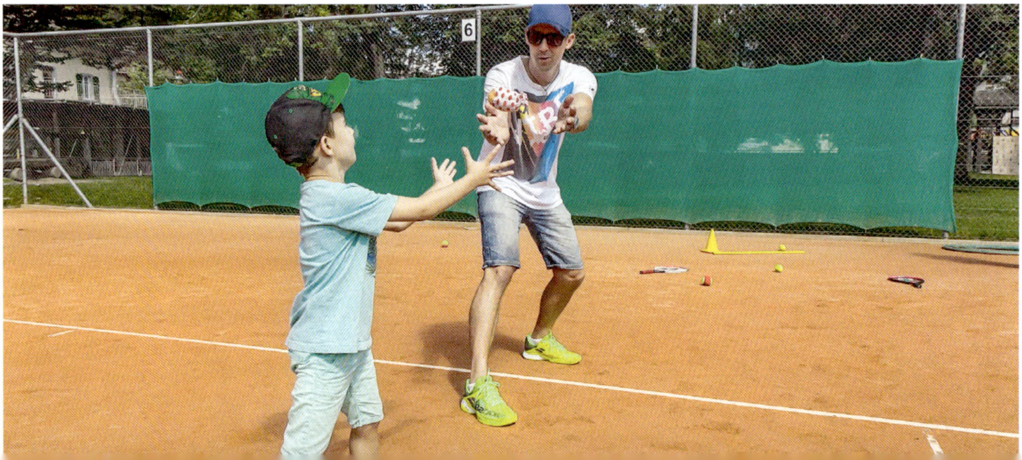

Übung 5: Flut

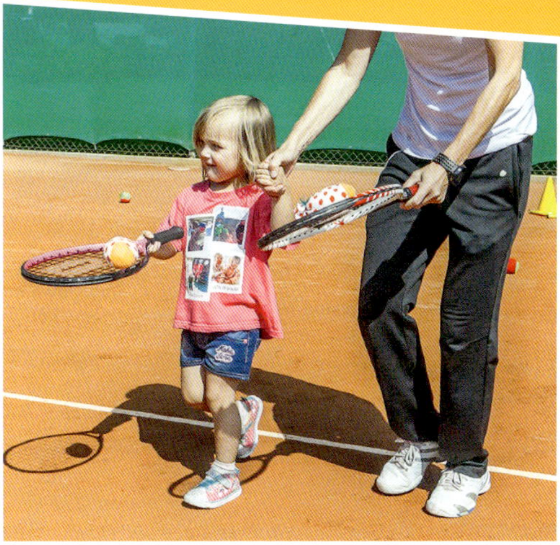

Durch den Regen wird alles überflutet und zehn Tennisbälle bzw. Sandsäcke müssen gerettet werden. Diese dürfen nicht angefasst und müssen auf dem Schläger oder anderweitig transportiert werden, ohne dass sie herunterfallen. Der Sturm ist aber so stark, dass Mutter und Kind sich an der Hand halten müssen, um nicht wegzufliegen.

Variante: Es gibt zwei große oder Zweier-Teams. Jedes Team hat zehn Bälle oder Sandsäcke. Jedes Team darf maximal zwei Bälle gleichzeitig transportieren, aber die Bälle dürfen nicht angefasst werden.

Übung 6: Regenschirm-Wettlauf

Es regnet sehr stark, Mutter und Kind müssen gemeinsam mit je einer Hand einen Regenschirm tragen und mit der anderen Hand auf einem Schläger Bälle zum Ziel transportieren, ohne nass zu werden. Fällt ein Ball herunter, darf er wieder aufgenommen werden.

Variante: Es treten zwei Teams gegeneinander an oder alle Zweier-Teams aus Mutter und Kind.

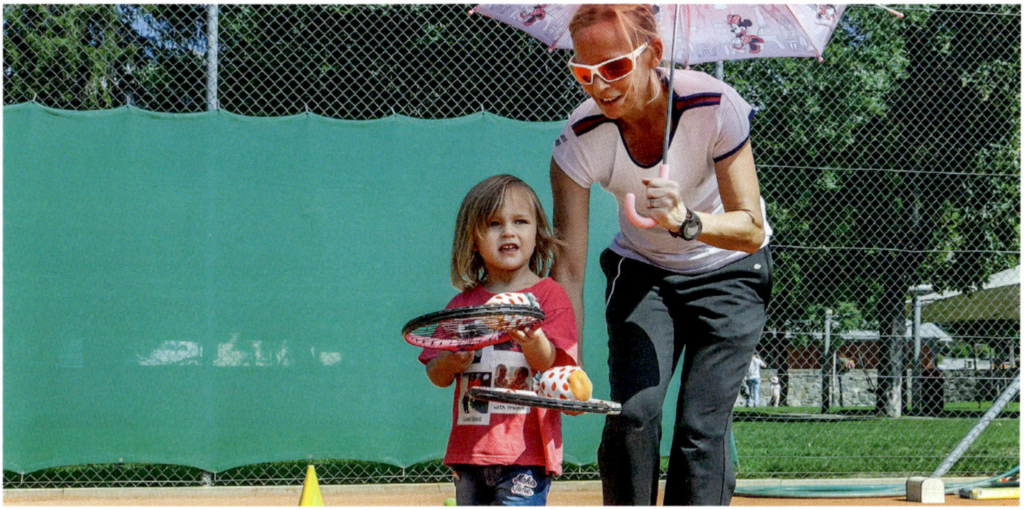

Übung 7: Sturm

Bei einem Sturm fallen alle Kokosnüsse von den Palmen. Damit diese nicht auf den Boden fallen und kaputt gehen, müssen sie aufgefangen werden. Die Mutter wirft die Bälle über das Netz. Das Kind muss diese nach einmaligem Aufprallen mit einem Kegel auffangen. Dann nimmt es den Ball heraus und wirft ihn mit einer Vorhandbewegung oder über dem Kopf zurück. Die Mutter kann ihn ebenfalls mit einem kleineren Kegel auffangen. Nach einer Weile wird die Hand gewechselt.

Variante: Mutter und Kind lassen den Ball aus dem Kegel herausfallen und spielen ihn nach einmaligem Aufprallen mit dem Schläger über das Netz.

Abschluss:

Es wird das Abschlusslied gesungen und alle können ein Feedback über die Stunde abgeben. Jedes Kind darf sagen, was es gelernt hat und welche seine Lieblingsübung war.

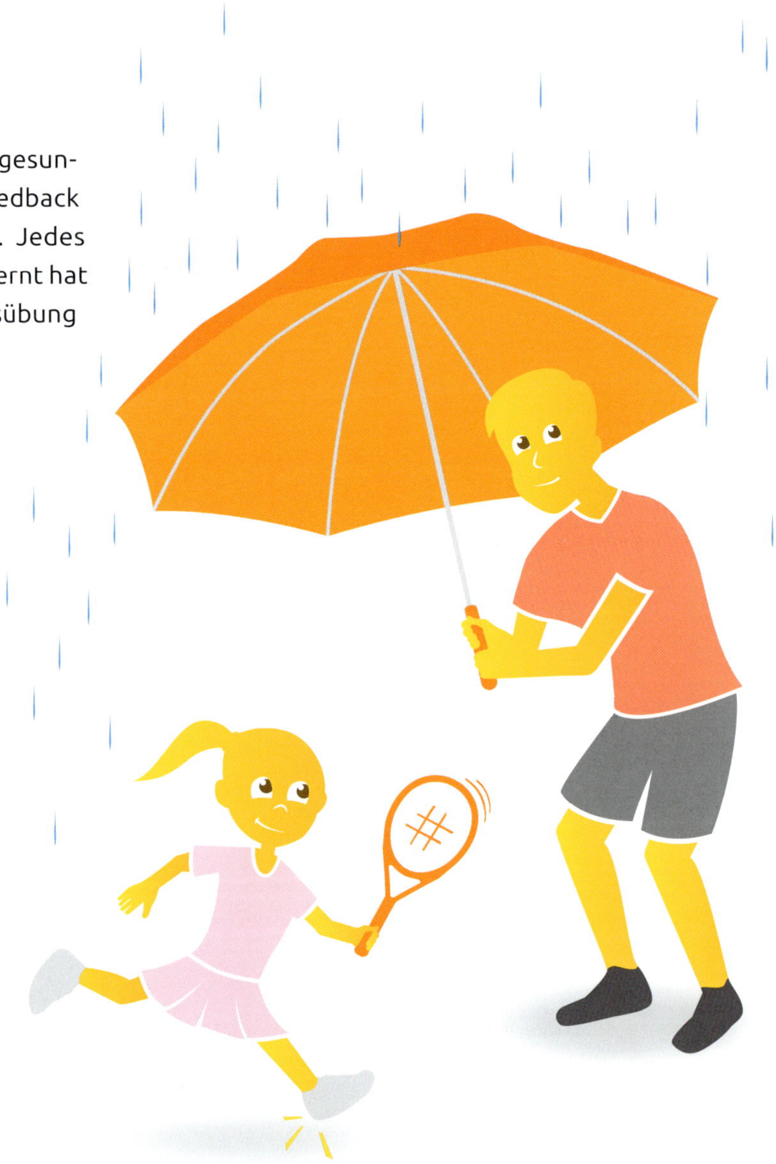

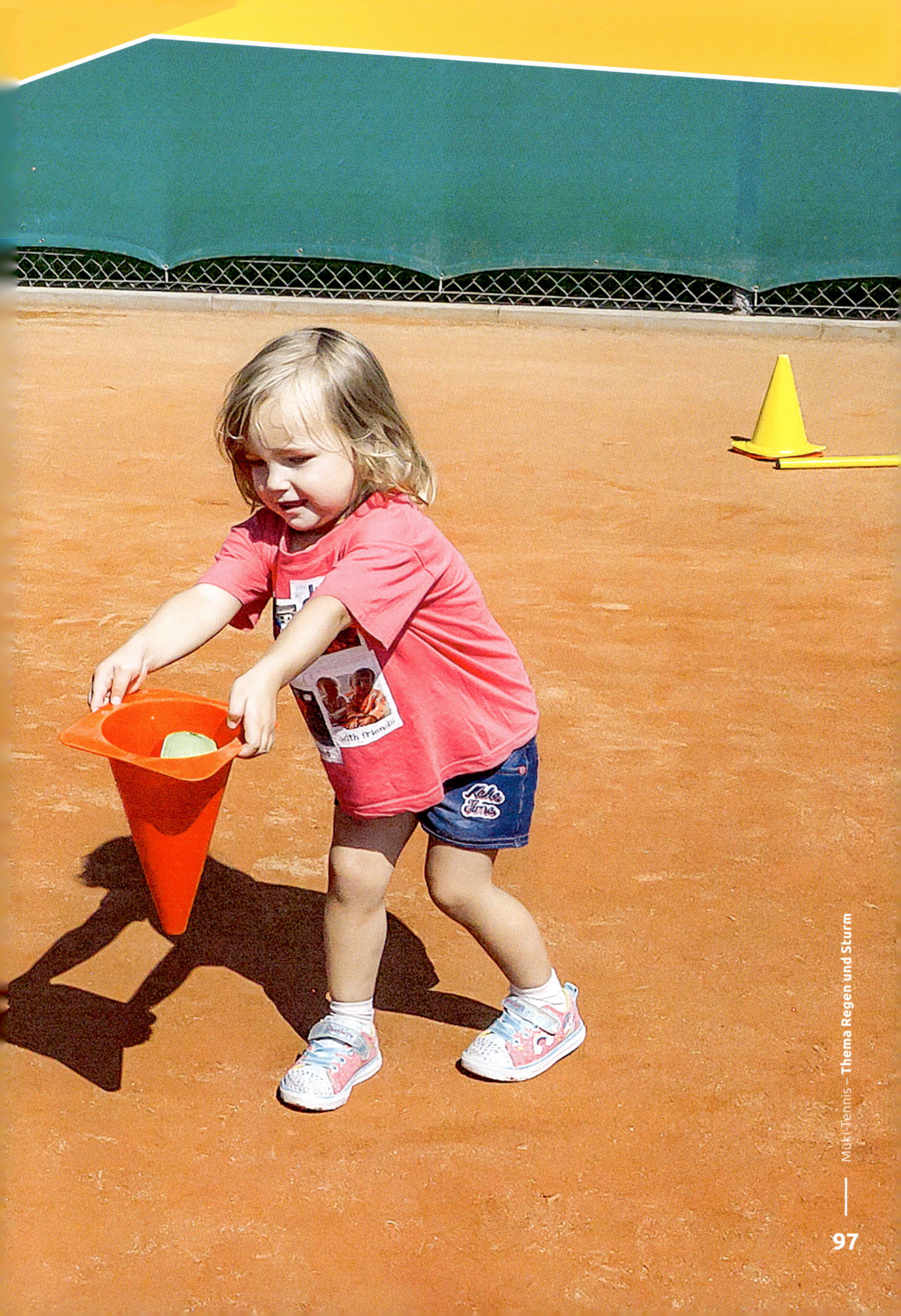

Thema Schwimmen

Zielsetzung:

- neues Material erforschen und Spiele damit durchführen
- Förderung der Wahrnehmungsfähigkeit
- im Team arbeiten
- fangen und werfen
- laufen und springen in alle Richtungen
- Verbesserung der koordinativen Fähigkeiten
- spielerischer Umgang mit dem Schläger
- Einführung in die Grundbewegungen von Vorhand, Rückhand, Volley

Material:

Bilder vom Schwimmen und von Rettungsringen, Schwimmreifen oder Ringe

Hinweis zur Stunde: Übungen 1 und 8 sind Gruppenübungen, die Übungen 2 bis 7 können als Stationen aufgebaut oder mit allen gemeinsam durchgeführt werden.

Einstieg:

Als Erstes wird das Begrüßungslied gesungen. Danach wird das Thema Schwimmen besprochen und die Bilder zu dem Thema gezeigt. Heute wird gefragt, wer gerne schwimmen geht, wer kann schon schwimmen und tauchen? Wie funktioniert denn schwimmen und tauchen? Welche Hilfsmittel gibt es beim Schwimmen? Welche Abzeichen gibt es beim Schwimmen?

Übung 1: Fangen mit Schwimmring

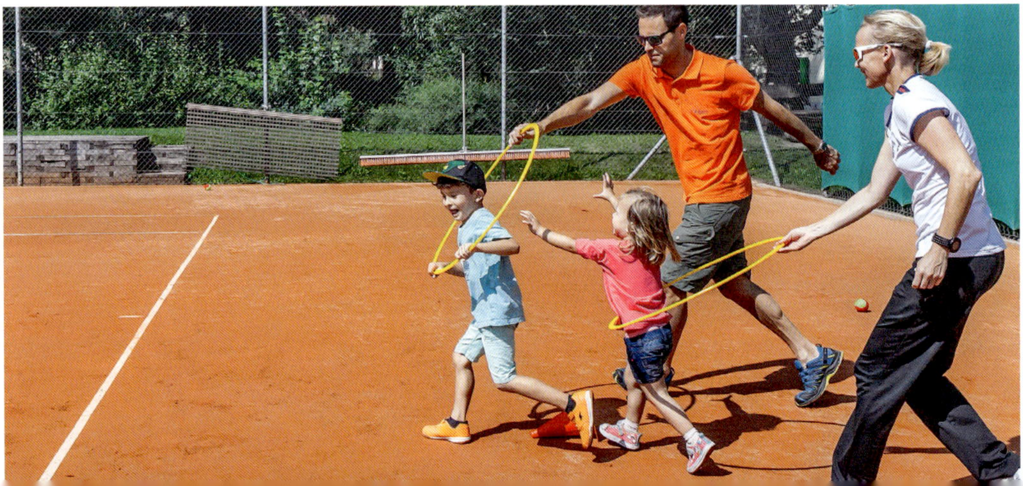

Mutter oder Vater und Kind schwimmen zusammen durch den Pool und spielen Fangen mit den anderen. Das Kind ist im Schwimmring und der Erwachsene hält den Ring. Ein Team ist der Fänger. Das Team, das von diesen beiden angeschlagen wird, wird dann zum Fänger.

Variante: Mutter oder Vater und Kind sind beide im Ring.

Übung 2: Durch Ringe tauchen

Zu Beginn rollen Mutter und Kind den Schwimmring bzw. Reifen hin und her, um die Eigenschaften des Ringes zu erkunden und das Rollen zu üben. Dann rollt die Mutter den Ring und das Kind soll durch diesen hindurchtauchen, ohne ihn zu berühren.

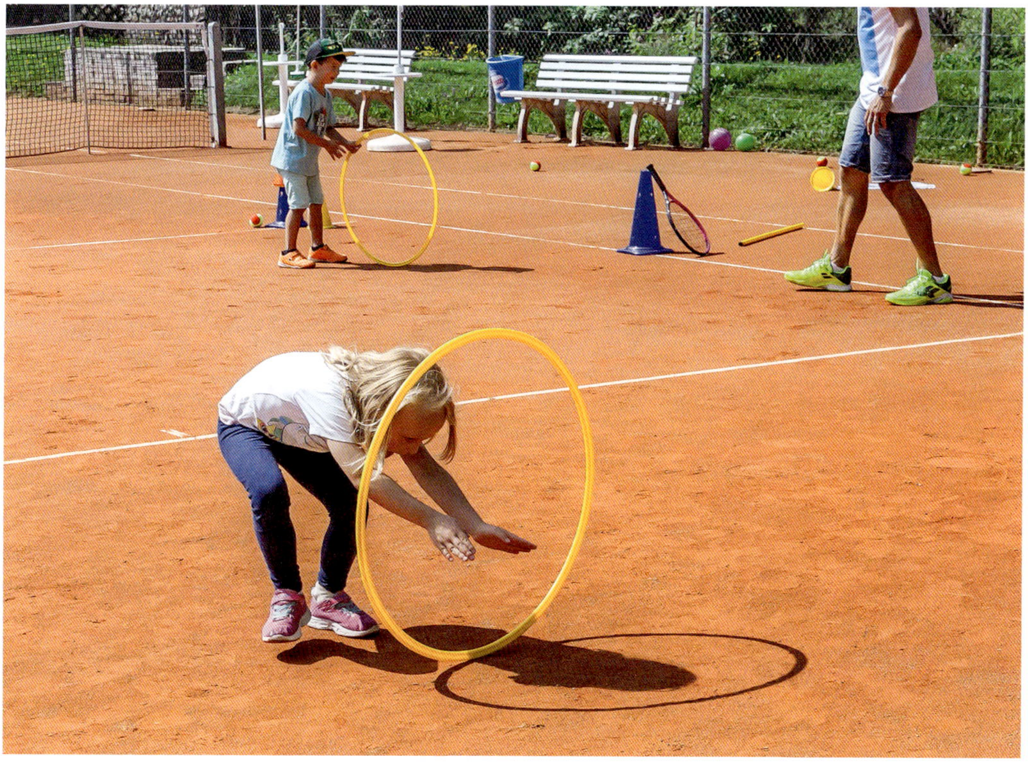

Variante 1: Die Mutter rollt den Ring, Mutter und Kind werfen sich einen Ball durch den Ring zu und fangen ihn wieder. Wie oft schaffen sie dies, wenn der Ball rollt?

Variante 2: Die Mutter rollt den Ring und das Kind soll versuchen, so viele Berührungen wie möglich mit einem Fuß durch den Ring zu machen.

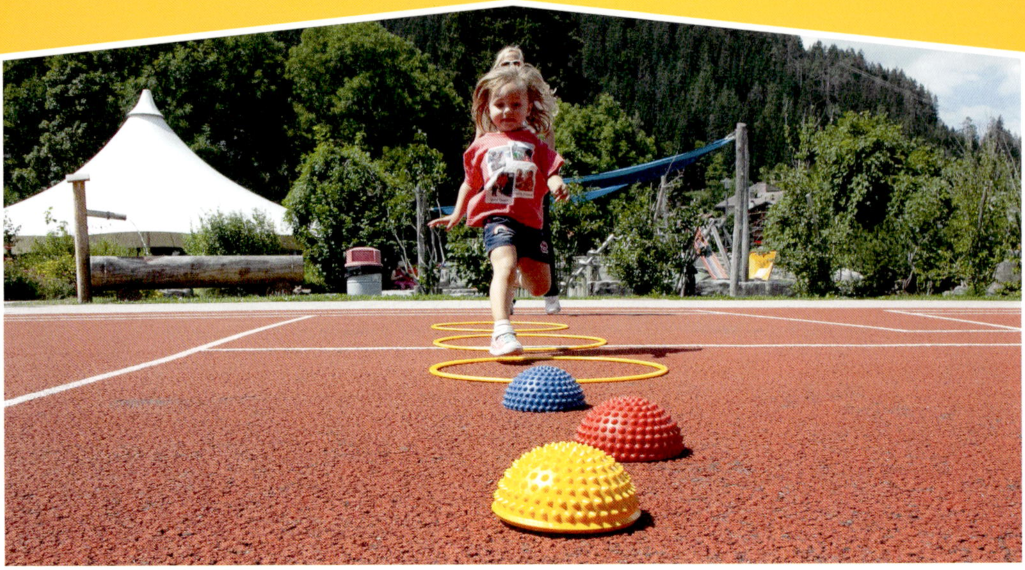

Übung 3: Aqua Pads

Aqua Pads sind wackelige Matten, die auf dem Wasser liegen und über die man hinüberlaufen kann. Dabei soll man probieren, nicht ins Wasser zu fallen. Die Aqua Pads (Ringe) oder Markierungen liegen in einer Reihe oder kreuz und quer auf dem Pool. Nun sollen die Kinder und/oder Mütter so schnell, wie sie können, über die Pads laufen und springen, damit sie nicht untergehen.

a) Alle laufen mit einem oder zwei Bodenkontakten durch die Ringe.

b) Alle springen durch die Ringe.

c) Alle laufen seitlich durch die Ringe, auf beiden Seiten.

d) Alle springen mit beiden Beinen durch die Ringe.

Übung 4: Rettungsring werfen

Rettungsschwimmer müssen sehr gut werfen können, da sie den Nichtschwimmern Reifen oder Hilfsmaterial zuwerfen müssen. Der Ring soll über einen Kegel oder Kegel mit Stange geworfen werden. Sobald der Rettungsschwimmer dies geschafft hat, muss er noch fünf Sauerstoffbälle (Tennisbälle) in den Ring rollen.

Variante: Welches Team schafft es zuerst, dass fünf Bälle in dem Ring liegen bleiben?

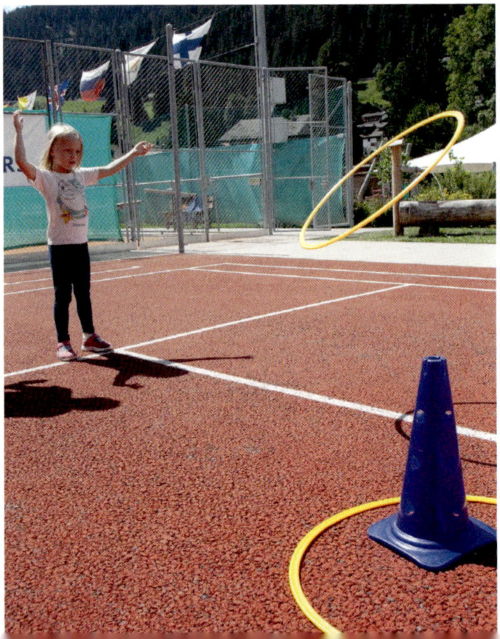

Übung 5: Durch den Rettungsring werfen

Die Rettungsschwimmer üben weiter Werfen. Die Mutter hält dafür den Ring auf verschiedenen Höhen in die Luft. Die Rettungsschwimmer werfen

a) den Ball mit einer Hand seitlich jeweils fünfmal durch den Ring, mit Seitenwechsel;
b) den Ball beidhändig seitlich jeweils fünfmal durch den Ring, mit Seitenwechsel;
c) den Ball über Kopf jeweils fünfmal durch den Ring, mit Seitenwechsel.
d) Der Ring wird auf einen Kegel gesteckt, Mutter und Kind können nun hin und her werfen und fangen.

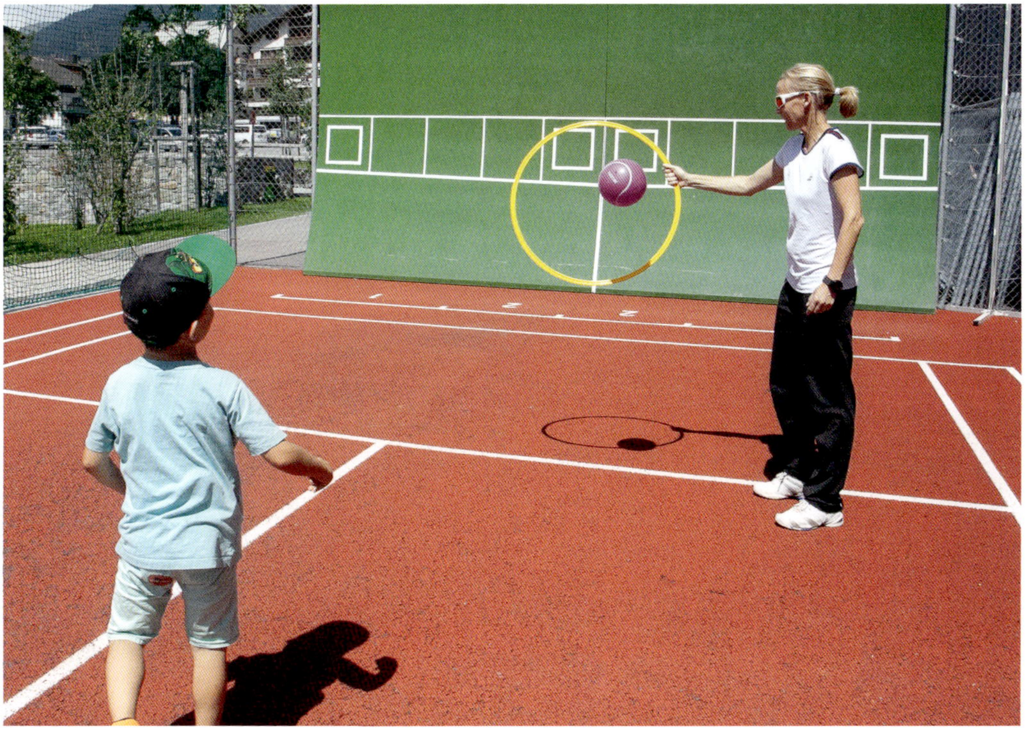

Übung 6: Durch den Rettungsring spielen

Mutter oder Vater und Kind halten einen Ring in der linken Hand. Mit rechts spielen sie nun einen Ball oder Ballon mit der Hand oder mit dem Schläger durch den Ring. Nach einer Weile wird die Hand gewechselt.

Variante: Es wird zu viert an einem Netz gespielt, ein Erwachsener und ein Kind sind jeweils zusammen auf einer Seite. Entweder sind die Erwachsenen hinten und spielen oder werfen einen Ball hin und her. Die Kinder sind am Netz und haben einen Ring in der Hand. Sobald ein Erwachsener den Ball spielt oder wirft, muss das gegnerische Kind den Ring so halten, dass der Ball hindurchgeht und sein Elternteil den Ball fangen oder spielen kann.

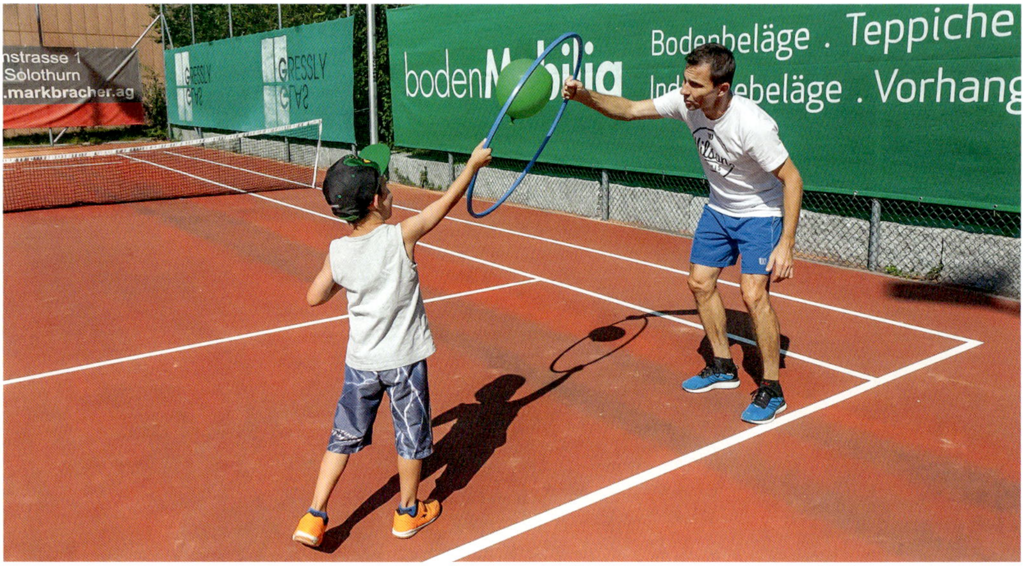

Übung 7: Wasserball

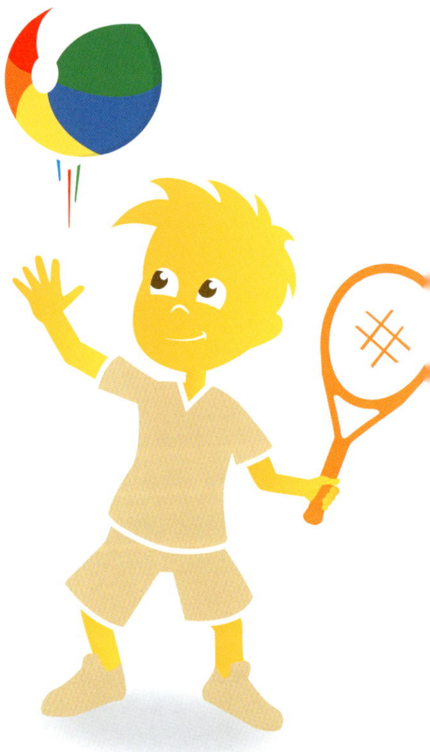

Es wird Wasserball gespielt. Mutter und Kind stehen sich gegenüber am Netz, sie stehen in ihrem Ring, den sie nicht verlassen dürfen, da sie sonst ertrinken. Nun spielen oder werfen sie einen Wasserball oder Luftballon hin und her. Schaffen sie es zehnmal, dürfen sie den Ring umklappen und von weiter hinten spielen.

a) Der Ball wird in der Luft gefangen und geworfen.
b) Der Ball wird geworfen und nach einmaligem Aufprallen gefangen.
c) Der Ball wird in der Luft hin und her gespielt.
d) Der Ball wird mit einem Bodenkontakt hin und her gespielt.

Variante: Als Wettkampf kann man schauen, welches Team mit den Ringen am weitesten nach hinten kommt.

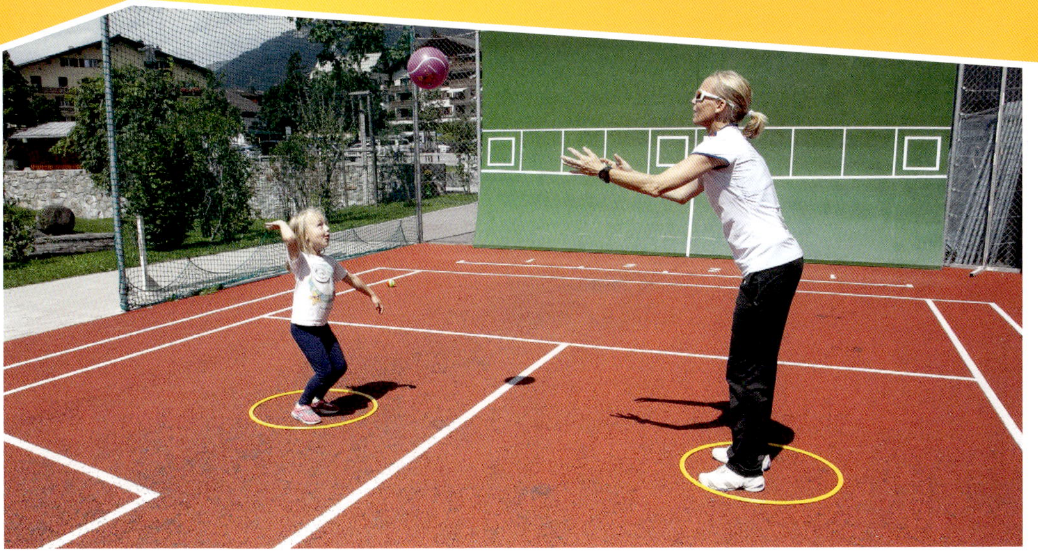

Übung 8: Teamtauchen

Zum Abschluss tauchen alle noch eine Runde gemeinsam. Alle Eltern und Kinder halten sich an der Hand und bilden im Pool eine Reihe oder einen Kreis. Nun müssen sie der Reihe nach durch den Ring tauchen, ohne die Hände loszulassen.

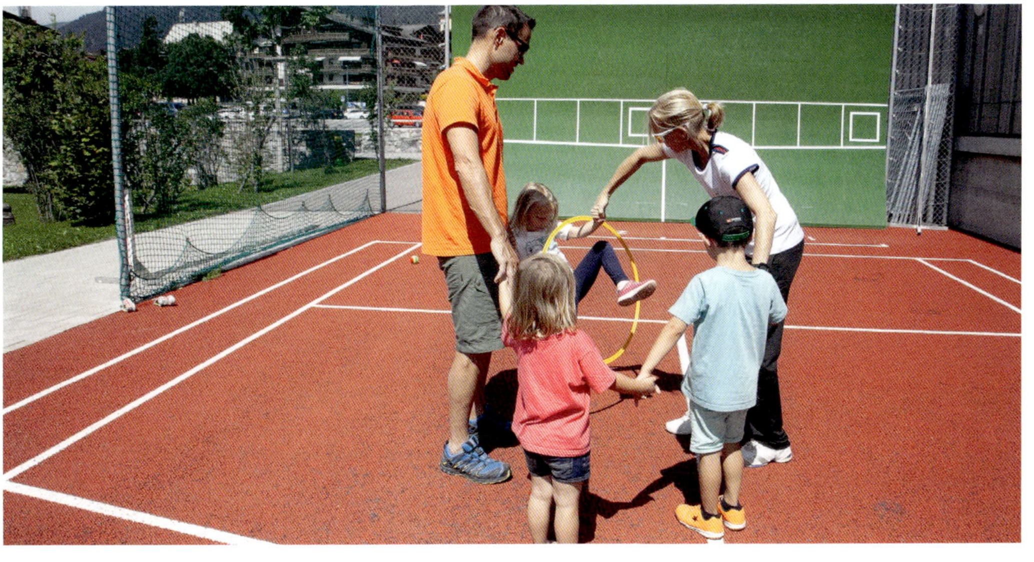

Abschluss:

Es wird das Abschlusslied gesungen und alle können ein Feedback über die Stunde abgeben. Jedes Kind darf sagen, was es gelernt hat und welche seine Lieblingsübung war.

Thema Eisdiele

Zielsetzung:

- fangen und werfen
- zielen
- Verbesserung der koordinativen Fähigkeiten
- spielerischer Umgang mit dem Schläger
- Flugbahnen einschätzen
- Einführung in die Grundbewegungen von Vorhand, Rückhand und Volley
- erste Wettkampferfahrungen sammeln

Material:

Sandkastenspielzeug, Eiswaffeln, alte Becher oder Joghurtbecher, Eiskellen oder große Löffel

Hinweis zur Stunde: Übung 1 ist eine Gruppenübung. Alle anderen Übungen können als Stationen aufgebaut oder mit allen gemeinsam durchgeführt werden.

Einstieg:

Als Erstes wird das Begrüßungslied gesungen. Danach wird das Thema Eisdiele besprochen und die Bilder zu dem Thema gezeigt. Heute wird gefragt, was die Kinder und Mütter über Eiscreme und Eisdielen wissen. Wie wird Eis gemacht? Welche Geschmacksrichtungen gibt es? Wer hat welches Eis am liebsten?

Übung 1: Eiskugeln rollen

Als Erstes üben alle Eisverkäufer den Umgang mit den Eiskugeln. Alle stehen im Kreis und haben einen Schläger in der Hand. Auf dem Schläger ist eine Eiskugel, die nun im Kreis rollen soll. Schaffen die Eisverkäufer dies drei- bis fünfmal, können sie die Richtung wechseln.

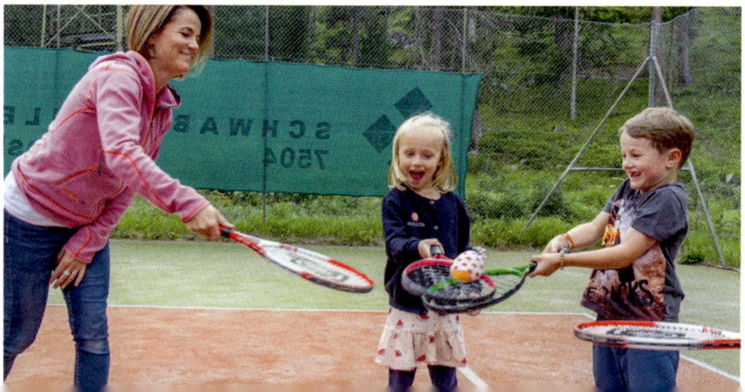

Dann gibt es nur noch eine Eiskugel für alle. Diese soll im Kreis herum von Schläger zu Schläger weitergegeben werden, ohne dass sie auf den Boden fällt.

Übung 2: Eisdiele

Die Kinder laufen mit einer Waffel oder einem Becher durch eine Leiter und/oder einen Parcours zur Eisdiele. Die Mütter nehmen dann die Bestellung auf und sie bekommen ihr Lieblingseis auf die Waffel gelegt. Damit müssen sie nun zurück durch die Leiter oder den Parcours laufen. Alle schauen, dass sie ihr Eis sicher nach Hause bringen. Verliert jemand seine Eiskugel, dann muss er sich eine neue holen.

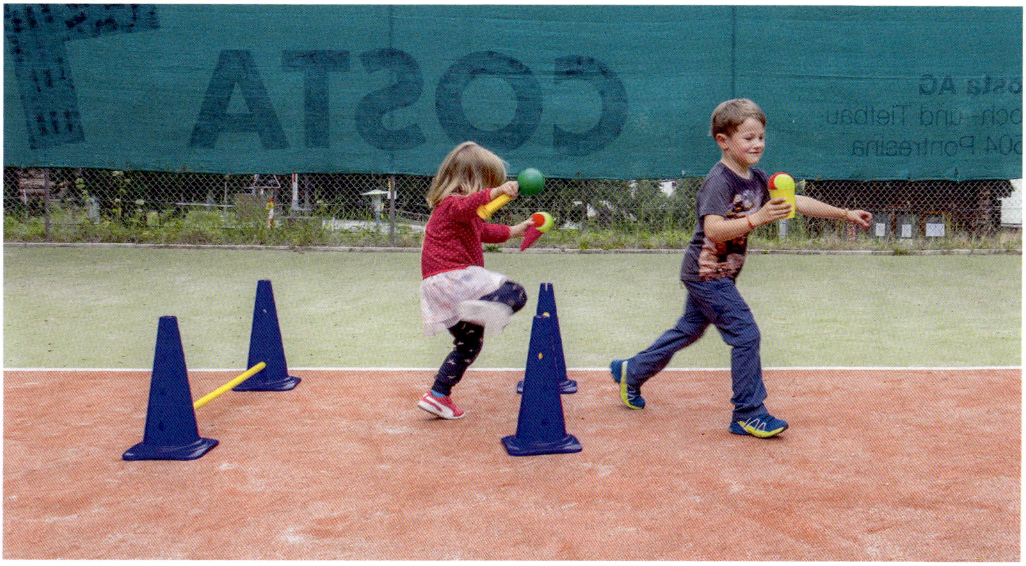

Übung 3: Eiskugeln sammeln

Es werden Eiskugeln gesammelt. Mutter und Kind haben einen Schläger. Der Erste rennt mit dem Schläger los, um eine Eiskugel zu holen. Diese wird auf dem Schläger oder in einem Becher, der auf dem Schläger steht, balanciert. Mutter und Kind müssen abwechselnd jeweils fünf Eiskugeln holen.

Variante: Es wird in Teams gegeneinander gespielt. Welches Team ist am schnellsten?

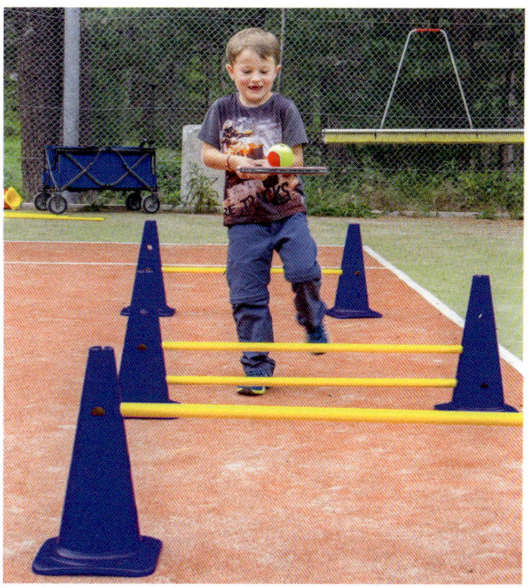

Übung 4: Eiskugeln fangen

Die Mutter wirft Eiskugeln unterschiedlich hoch in die Luft. Das Kind muss jede Eiskugel mit zwei Waffeln auffangen. Zu Beginn dürfen die Bälle einmal aufprallen, dann sollen sie direkt aus der Luft gefangen werden.

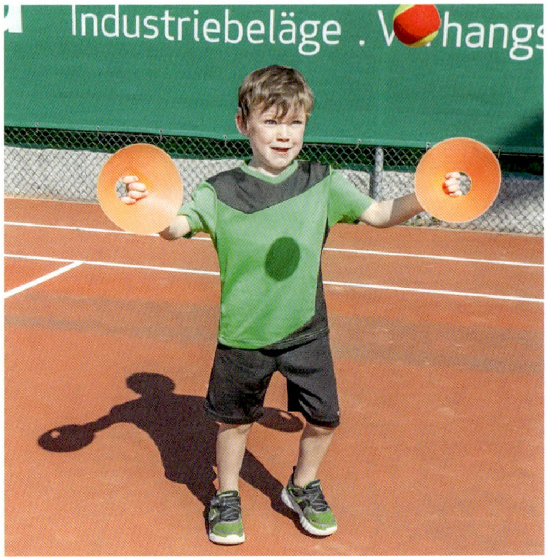

Übung 5: Eiswaffel

Mutter und Kind stehen neben zwei Kegeln, diese sind ca. 1 – 2 m voneinander entfernt. Oben auf einem Kegel liegt ein Ball bzw. eine Eiskugel. Nun wird von der Mutter ein Luftballon mit der Hand oder dem Schläger in die Luft gespielt. Entweder spielen beide mit der Hand oder mit einem Schläger. In der gleichen Zeit legt das Kind die Eiskugel auf den anderen Kegel. Dann wird gewechselt.

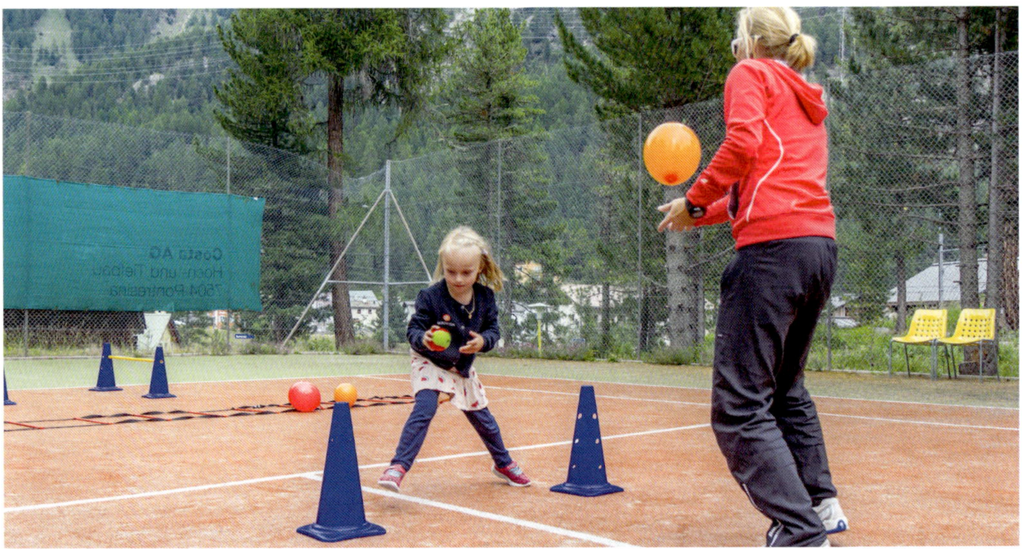

Variante: Welches Team schafft es fünf- bis zehnmal, ohne dass der Luftballon oder der Tennisball herunterfällt? Welches Team schafft es am schnellsten?

Übung 6: Eisverkäufer

Ein Kind spielt jeweils mit der Mutter. Diese ist die Eisverkäuferin, sie steht hinter dem Netz und hat einen Schläger in der Hand. Das Kind hat in einer Hand einen Ball und in der anderen Hand einen kleinen Kegel. Das Kind kommt angelaufen und wirft der Mutter einen Tennisball bzw. eine Eiskugel über das Netz zu. Diese blockt den Ball mit dem Schläger mit einem Volley ab, er soll langsam nach oben fliegen, sodass das Kind die Eiskugel nach einmal Aufprallen wieder fangen kann. Hat das Kind fünf bis zehn Eiskugeln gefangen ist Wechsel.

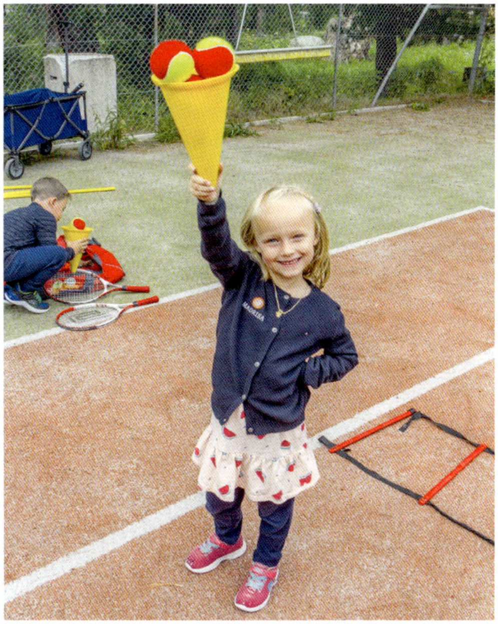

Übung 7: Eisverkäufer gegen Eisverkäufer

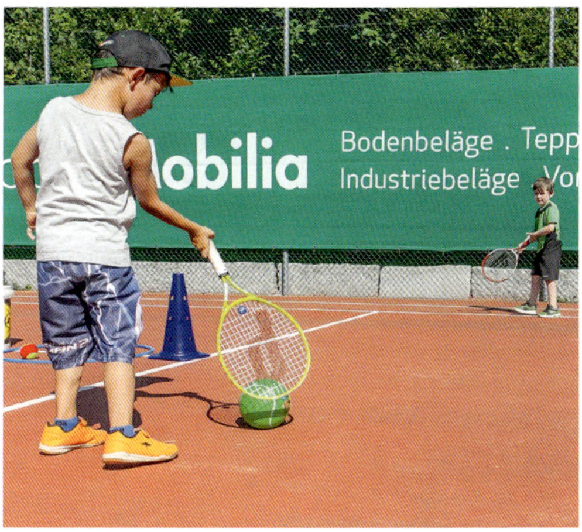

Die Eisverkäufer haben jetzt so viel gearbeitet und Eis geschleckt. Nun wollen sie noch eine Runde Tennis spielen. Natürlich spielen sie gegeneinander um Eiskugeln. Sie rollen sich den Ball unter dem Netz hin und her oder spielen über das Netz, indem sie den Ball einmal stoppen. Auf der Seite liegen zwei Ringe und zweimal zehn Eiskugeln. Wer einen Punkt gewinnt, darf sich eine Eiskugel in den Ring legen. Wer zuerst zehn Eiskugeln im Ring hat, hat gewonnen.

Abschluss:

Es wird das Abschlusslied gesungen und alle können ein Feedback über die Stunde abgeben. Jedes Kind darf sagen, was es gelernt hat und welche seine Lieblingsübung war.

Thema Schnee

Zielsetzung:

- im Team arbeiten
- Verbesserung der koordinativen Fähigkeiten
- werfen und fangen aus unterschiedlichen Distanzen
- zielen
- spielerischer Umgang mit dem Schläger
- Einführung in die Grundbewegungen von Vorhand, Rückhand und Aufschlag

Material:

Bilder vom Schnee, Schneemännern etc., Hütchen mit Löchern, Zeitungspapier, Wäscheklammern, Softbälle, Schnur

Hinweis zur Stunde: Übung 1 und 6 sind Gruppenübungen, alle anderen können als Stationen aufgebaut oder gemeinsam durchgeführt werden.

Einstieg:

Als Erstes wird das Begrüßungslied gesungen. Danach wird das Thema besprochen und die Bilder zu dem Thema gezeigt. Heute wird gefragt, was die Kinder und Mütter über Schnee wissen. Wie entstehen Schneeflocken, wie sehen sie aus? Was machen die Kinder am liebsten im Schnee?

Übung 1: Schneemann

Es hat geschneit und alle sollen um die Wette einen Schneemann bauen. Mutter und Kind haben aber jeweils ein Bein zusammengebunden. Zu zweit wird das Material transportiert und aufgebaut. Als Erstes ein Kegel, dann eine Stange als Arme, eine Stange als Beine, ein Ball als Kopf, eventuell ein Hut und als Letztes wird der Schläger geholt. Wer zuerst seinem Schneemann den Kopf abschießt, hat gewonnen.

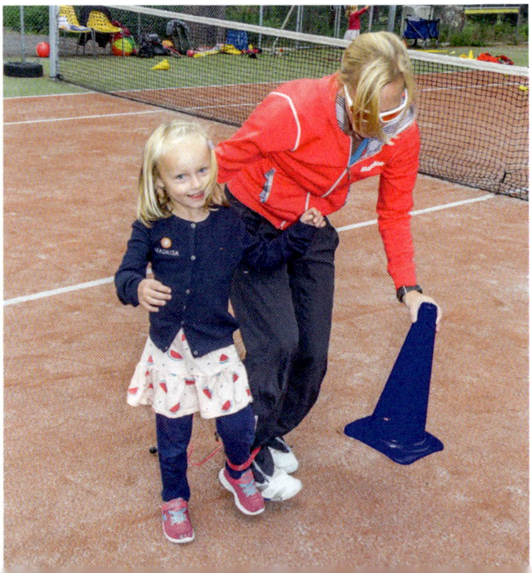

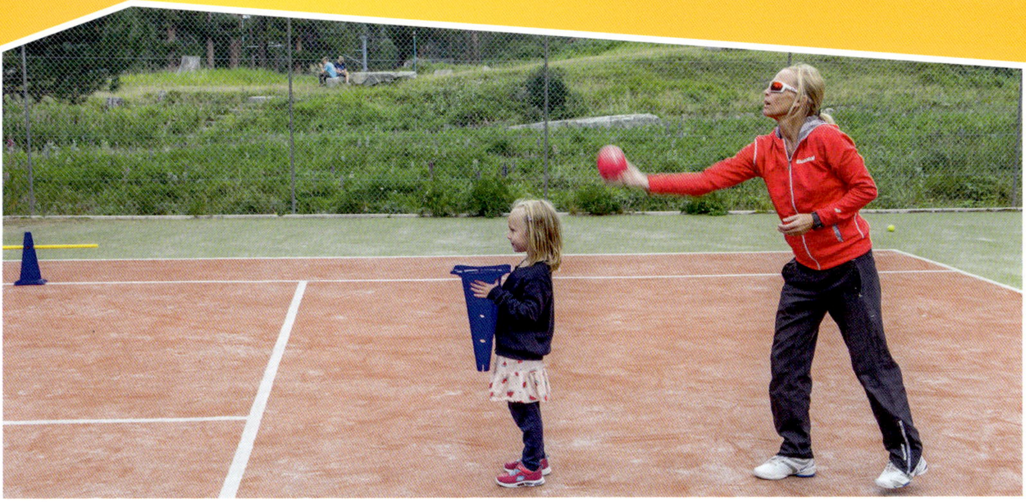

Übung 2: Schneeflocken

Es schneit und die Kinder sollen die Schneeflocken mit den Händen oder einem Kegel auffangen. Die Mütter werfen diese von hinten langsam und hoch über den Kopf. Sobald sie eine Schneeflocke sehen, sollen sie diese fangen. Die Schneeflocken sollten möglichst nur ein- bis zweimal auf dem Boden aufkommen.

Übung 3: Schneeball-Zielwerfen

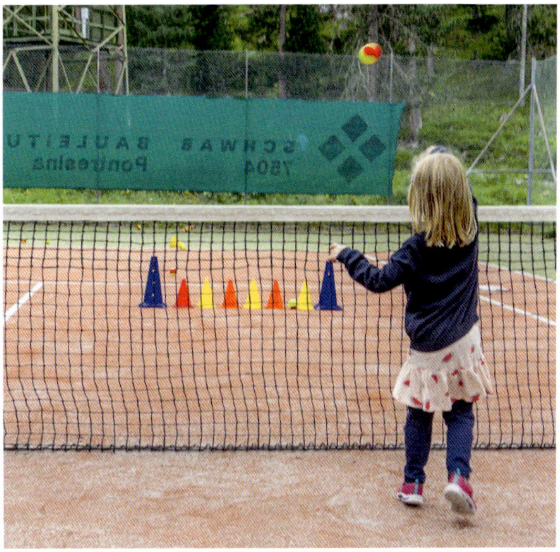

Mutter und Kind üben Schneeball-Zielwerfen. Jeder hat auf seiner Seite des Netzes einen Turm aus Bällen, Bechern oder mehrere Hütchen stehen nebeneinander. Jeder hat zehn Bälle. Es gibt eine Markierung oder einen Kreis, von wo aus geworfen werden muss. Nun sollen sie versuchen, den Turm oder die Ziele auf der anderen Seite abzuwerfen.

Variante: Es gibt zwei Teams, die beide hinter dem Netz stehen. Beide Teams haben jeweils einen Korb oder Eimer voll mit Schneebällen. Damit können sie den Turm der Gegner abwerfen. Sie können aber auch die Schneebälle des anderen Teams klauen. Wer zuerst den Turm der Gegner abgeworfen hat, hat gewonnen. Hat ein Team keine Schneebälle mehr, hat es verloren.

Übung 4: Schneebälle fangen

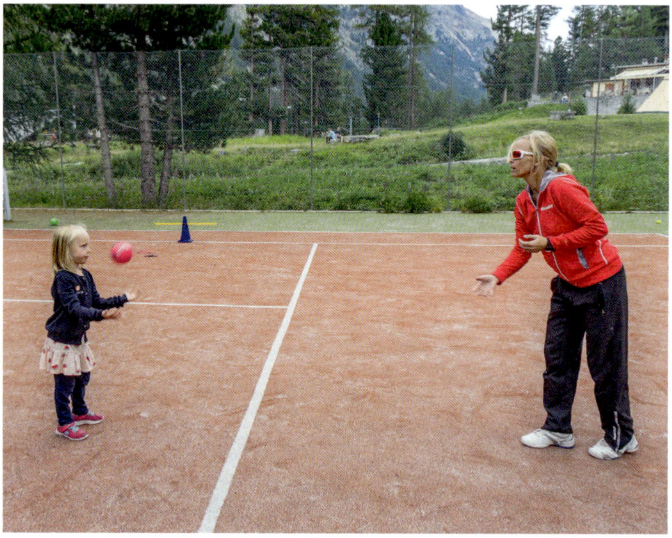

Mutter und Kind stehen sich gegenüber und werfen sich Schneebälle zu und fangen diese wieder auf. Die Schneebälle dürfen nicht auf den Boden fallen. Zunächst sollen Mutter und das Kind jeweils fünfmal einen Schneeball aus ca. 1 m Entfernung fangen. Dann fünfmal 2 m, 3 m etc. Wie weit schaffen es Mutter und Kind?

Übung 5: Schneekugeln rollen

Mutter und Kind stehen sich gegenüber und rollen sich die Schneekugeln zu. Zuerst rollen sie zehnmal auf der rechten Seite, dann ist die erste Kugel für den Körper des Schneemanns fertig. Dann rollen sie zehnmal auf der linken Seite, dann ist die zweite Kugel für den Schneemann fertig. Dann rollen sie immer rechts und links abwechselnd, um den Kopf des Schneemanns zu erhalten. Zum Abschluss soll das Kind zehn Bälle über dem Kopf über das Netz schlagen.

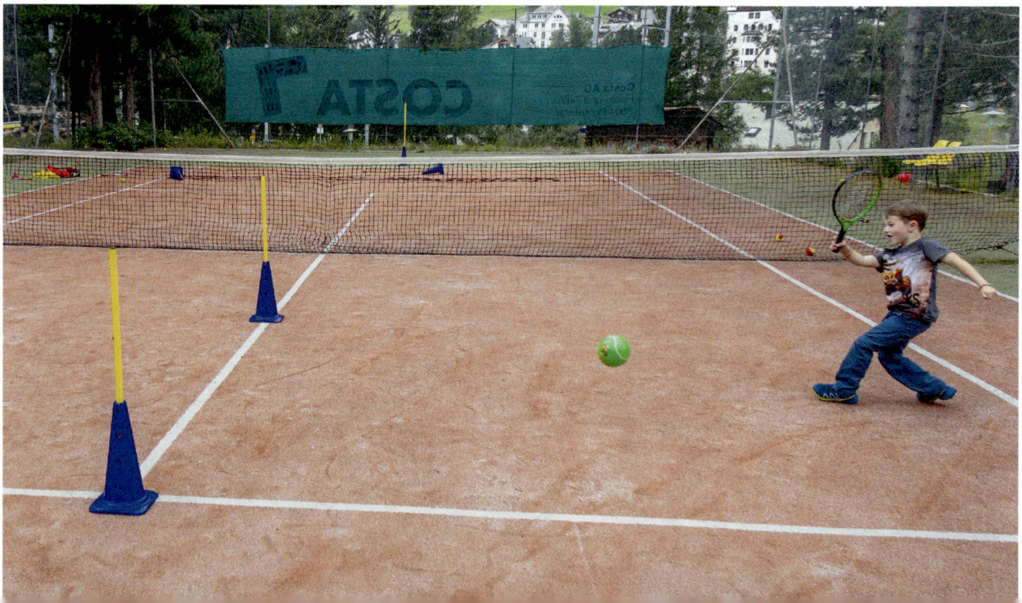

Übung 6: Schneeballschlacht

Zum Abschluss gibt es noch eine große Schneeballschlacht für alle. Für die Schneeballschlacht werden entweder Schneebälle aus Zeitungspapier oder Softbälle genommen. Es werden zwei Teams gebildet oder jeder spielt gegen jeden. Alle anderen Regeln werden vom Leiter festgelegt.

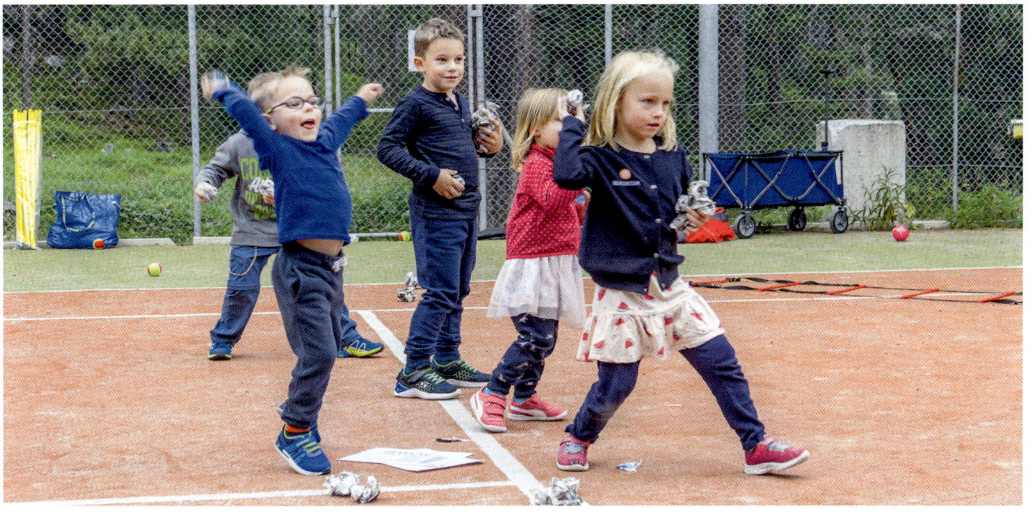

Variante 1: Jeder spielt gegen jeden. Alle haben fünf oder zehn Wäscheklammern am T-Shirt. Bei einem Treffer darf man sich vom anderen eine Klammer holen und sie ans eigene Shirt klemmen. Wer keine Klammern mehr hat, hat verloren, oder wer doppelt so viele hat wie vorher, hat gewonnen. Es kann auch auf Zeit gespielt werden.

Variante 2: Es spielen zwei Teams gegeneinander. Jedes Team hat ein Spielfeld. Wer getroffen ist, muss aus dem Spielfeld heraus und darf von außen auf die Feinde werfen. Welches Team zuerst keinen Spieler mehr im Spielfeld hat, hat verloren.

Variante 3: Es gibt zwei Teams, jedes Team hat ein Feld und gleich viele Schneebälle. Nun beginnt die Schneeballschlacht. Das Team, das nach Ablauf der Zeit weniger Schneebälle im eigenen Feld hat, hat gewonnen.

Abschluss:

Es wird das Abschlusslied gesungen und alle können ein Feedback über die Stunde abgeben. Jedes Kind darf sagen, was es gelernt hat und welche seine Lieblingsübung war.

Thema Barfuß-Park

Zielsetzung:

- Sinneserfahrungen mit unterschiedlichen Materialien
- Verbesserung der koordinativen Eigenschaften
- Verbesserung der Körperwahrnehmung
- im Team arbeiten
- Förderung von Kreativität
- spielerischer Umgang mit dem Schläger
- Einführung in die Grundbewegungen von Vorhand, Rückhand und Aufschlag

Material:

Bilder von einem Barfuß-Park, Tücher, Zeitungen, Stöcke, Klötze, Seile, halbe Bälle, Decken, Handtücher, Steine, Schnur oder Seile

Hinweis zur Stunde: Der Parcours oder die Übungen können von Mutter und Kind an Stationen oder mit der ganzen Gruppe zusammen durchgeführt werden. Alle sollen die Schuhe und Strümpfe ausziehen.

Einstieg:

Als Erstes wird das Begrüßungslied gesungen. Danach wird das Thema besprochen und die Bilder zu dem Thema gezeigt. Heute wird gefragt, ob jemand schon einmal in einem Barfuß-Park war. Was macht man dort und wozu ist das gut?

Übung 1: Fühlstraße

Es werden verschiedene Materialien ausgelegt und alle sollen barfuß darüber laufen. Tücher, Zeitungen, Stöcke, Klötze, Seile, halbe Bälle, Decken, Handtücher, Steine etc. Nach ein paar Durchgängen kann jeder einen Schläger mit einem Ball oder Reissäckchen darauf dazunehmen. Wenn es möglich ist, kann man auch die Gegebenheiten neben dem Platz nutzen.

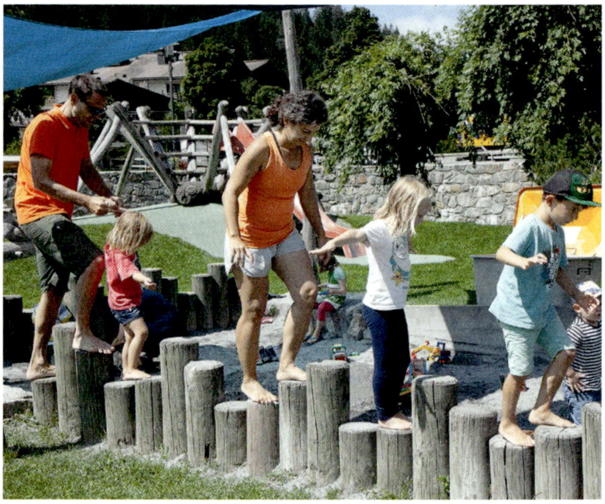

Übung 2: Balancieren

Es wird ein Seil oder eine Schnur ausgelegt und Kinder und Eltern sollen darüber balancieren. Nach ein paar Durchgängen kann jeder einen Schläger mit einem Ball oder Reissäckchen darauf dazunehmen.

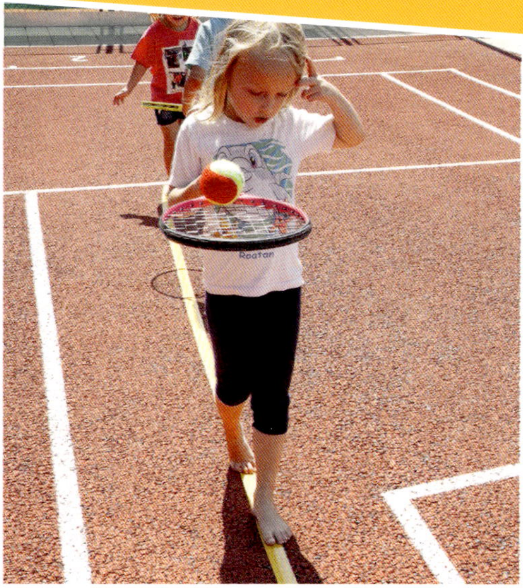

Übung 3: Seilschnappen

Ein Kind versucht, ein Seil am Ende mit den Zehen zu greifen und am Boden zu schlängeln. Die Mutter versucht, das Seil zu erwischen und zu stoppen. Dann wird gewechselt.

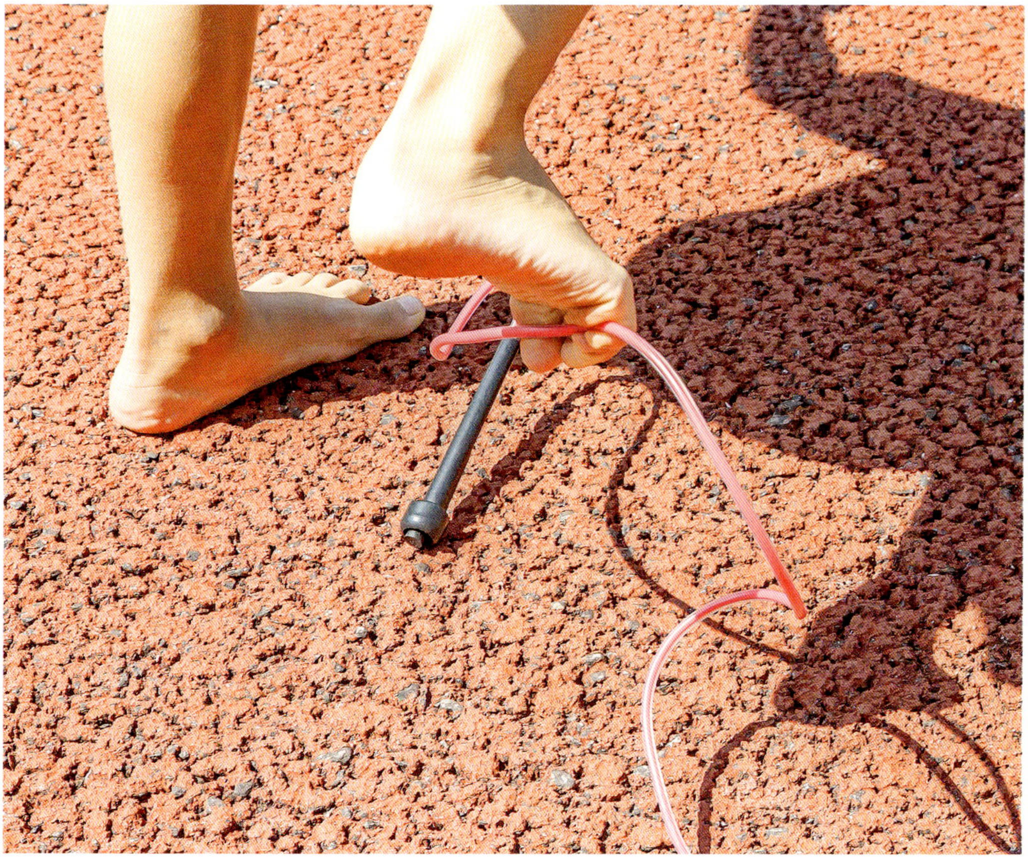

Übung 4: Seiltransport

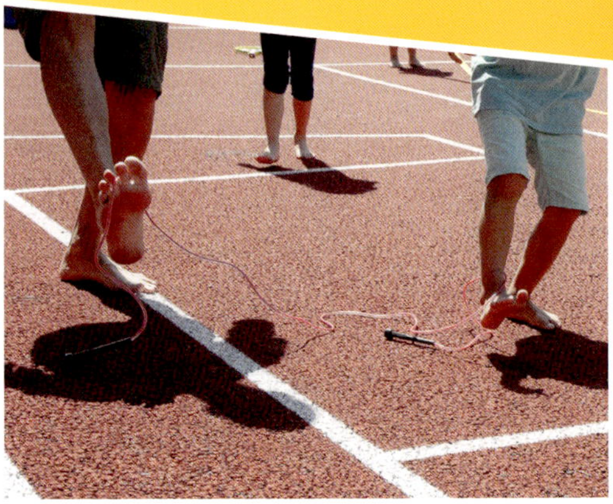

Mutter oder Vater und Kind versuchen, ein Seil mit einem Fuß aufzuheben und über eine kleine Distanz zu transportieren. Wer schafft es parallel auch noch, einen Ball oder Reissäckchen auf dem Schläger zu transportieren?

Übung 5: Statue

Der Erwachsene liegt am Boden. Das Kind soll mit den Füßen die Bälle so um die liegende Person herumlegen, dass man die Körperumrisse sehen kann, wenn sie aufsteht. Anschließend legt die erwachsene Person die Umrisse des Kindes.

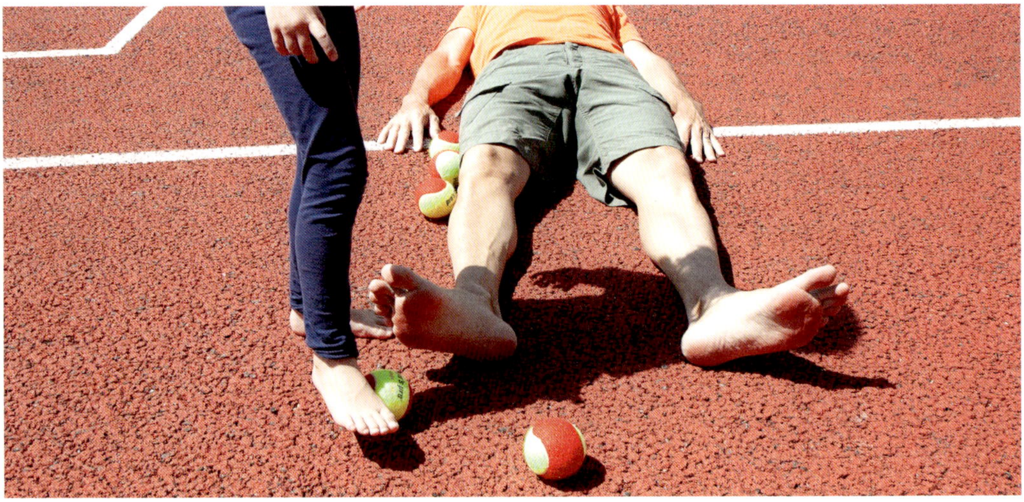

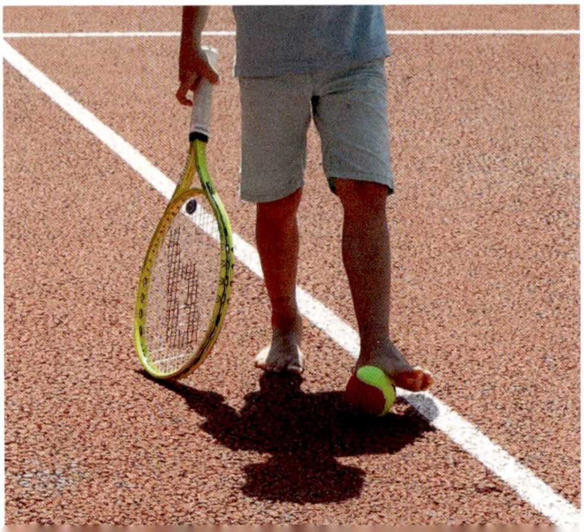

Übung 6: Ballstoppen

Es wird ein Ball mit dem Schläger gerollt. Dieser muss mit dem Fuß gestoppt werden und darf dann mit dem Schläger wieder gerollt werden.

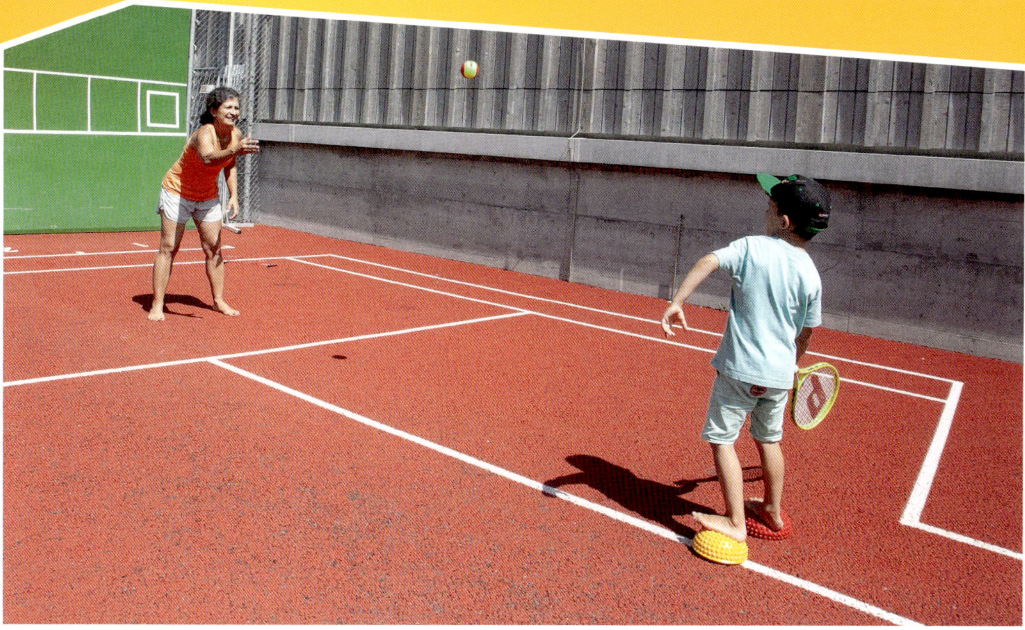

Übung 7: Wackeltennis

Es wird barfuß auf zwei Klötzen oder einem Igel balanciert. Das Kind hat einen Schläger in der Hand und soll versuchen, die zugeworfenen Bälle oder Luftballons zurückzuspielen.

Übung 8: Vierfüßler-Ball

Mutter und Kind sind mit allen vieren auf dem Boden, aber Bauch und Gesicht zeigen nach oben. Nun sollen sie versuchen, immer abwechselnd mit einem Fuß und dann mit einer Hand einen Ballon in der Luft zu halten.

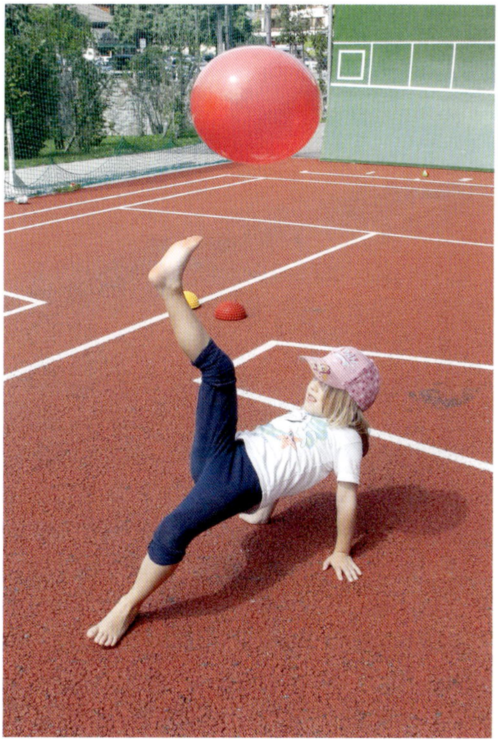

Abschluss:

Es wird das Abschlusslied gesungen und alle können ein Feedback über die Stunde abgeben. Wie fühlen sich die Füße nach der Barfuß-Stunde an? Jedes Kind darf sagen, was es gelernt hat und welche seine Lieblingsübung war.

Thema Grand Slam

Zielsetzung:

- spielerischer Umgang mit dem Schläger
- Einführung in die Grundbewegungen von Vorhand, Rückhand, Volley und Aufschlag
- eigene Stärken erkennen
- Vertrauen in eigenen Fähigkeiten entwickeln
- erste Wettkampferfahrungen

Material:

Bilder von den vier Grand-Slam-Turnieren und/oder zu den vier Ländern, in denen die Turniere stattfinden

Hinweis zur Stunde: Übungen 1 bis 4 können als Stationen aufgebaut oder mit allen gemeinsam durchgeführt werden. Das Abschlussturnier wird mit allen gemeinsam durchgeführt, die Mütter helfen beim Organisieren und Zählen.

Einstieg:

Als Erstes wird das Begrüßungslied gesungen. Danach wird das Thema Grand Slam besprochen und die Bilder zu dem Thema gezeigt. Was sind denn Grand-Slam-Turniere und welche gibt es? In welchen Ländern finden sie statt? Wer hat schon einmal Tennis im Fernsehen geschaut? Wer kennt einen Tennisspieler, der oder die ein Grand Slam gewonnen hat?

Übung 1: Australian Open, Australien

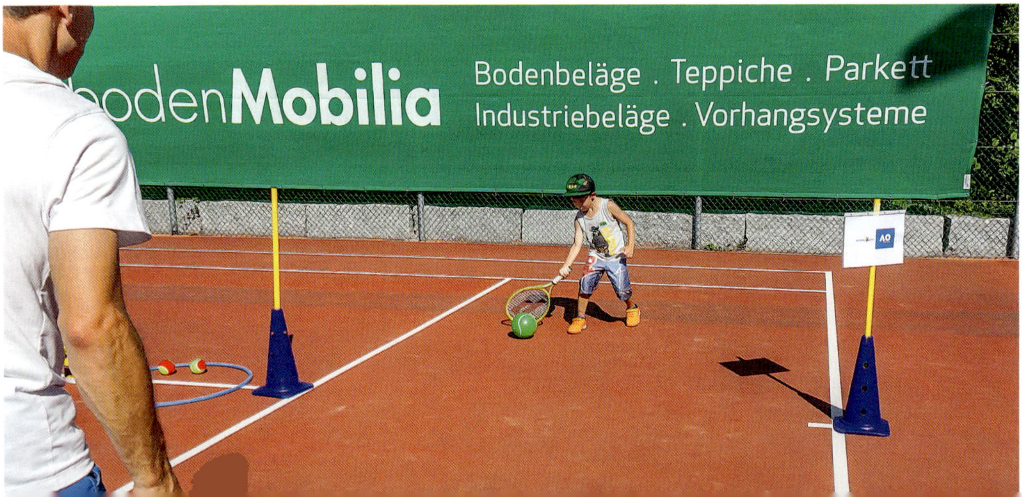

In Australien ist es sehr heiß und es gibt lange und harte Matches. Um sich perfekt auf das Turnier vorzubereiten, spielen Mutter oder Vater und Kind lange Ballwechsel unter dem Netz. Der Erwachsene versucht, das Kind möglichst viel rechts und links laufen zu lassen. Sie können sich vorstellen, dass sie so schnell sind wie die Kängurus in Australien.

Übung 2: Roland Garros, Frankreich

Das Turnier in Roland Garros wird auf Sand gespielt. Hierfür müssen die Spieler üben, möglichst hohe Bälle über das Netz zu spielen. Mutter und Kind stehen sich an einem sehr hohen Netz oder einer Schnur gegenüber und

a) werfen und fangen große Bälle;

b) spielen mit einem Luftballon;

c) spielen mit einem Softball oder einem roten Ball über das Netz.

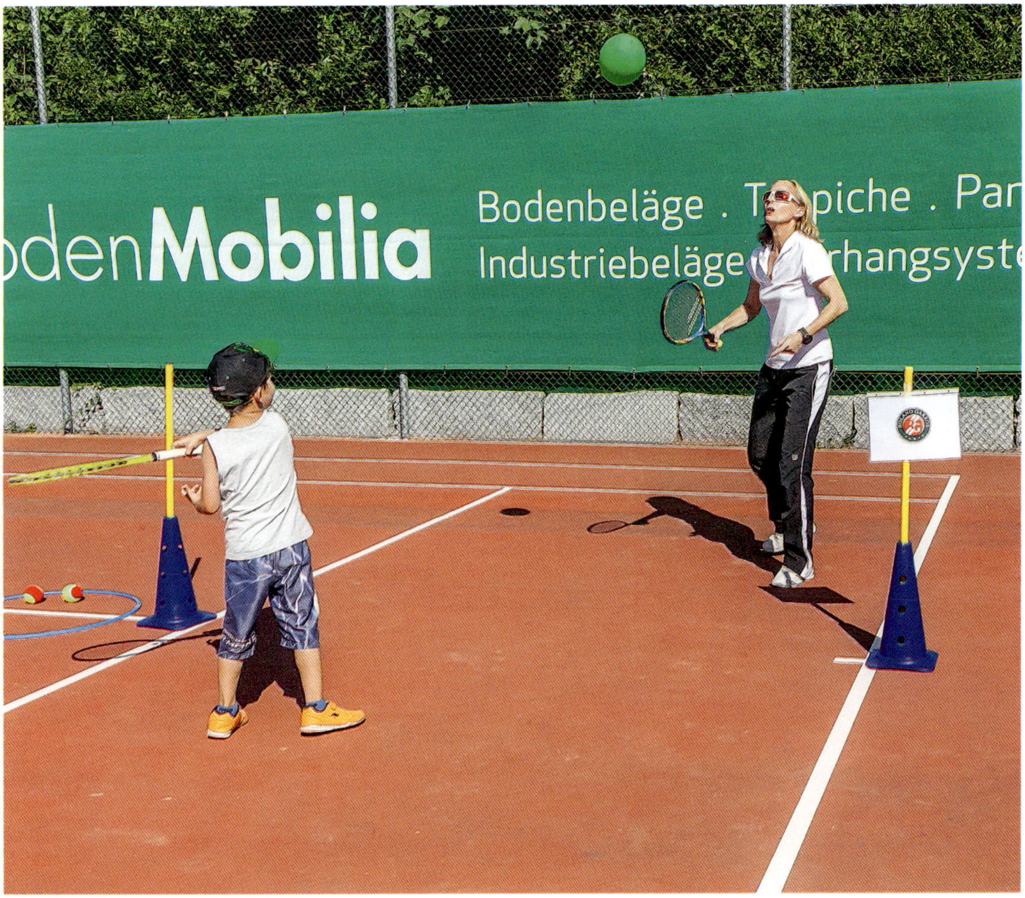

Übung 3: Wimbledon, England

In Wimbledon wird auf Gras gespielt. Dort kann man toll ans Netz gehen und Volley spielen. Mutter und Kind stehen sich gegenüber und versuchen miteinander Volley zu spielen, ohne dass der Ball auf den Boden kommt. Die Mutter kann dem Kind die Bälle auch gut zuwerfen.

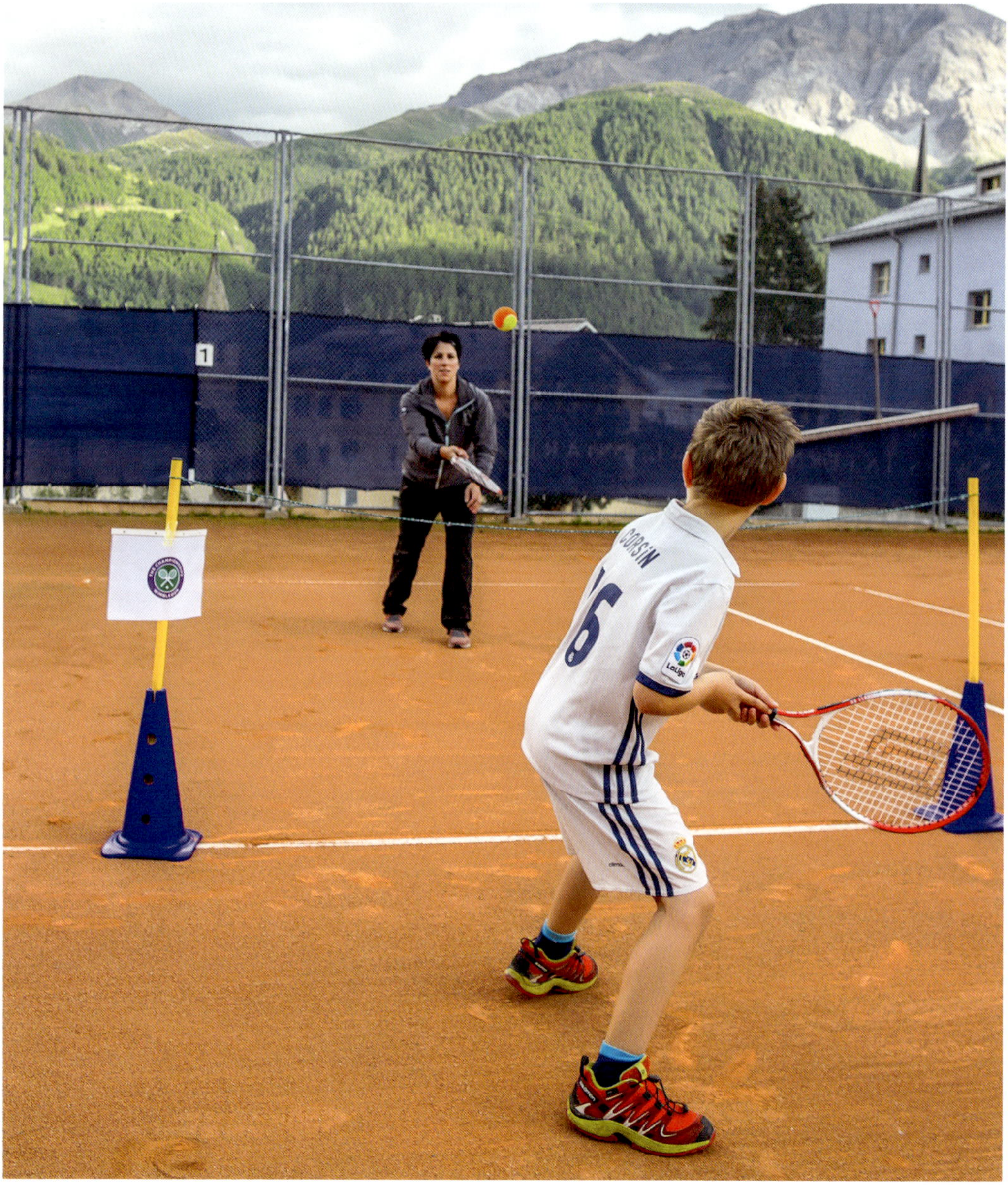

Übung 4: US Open, USA

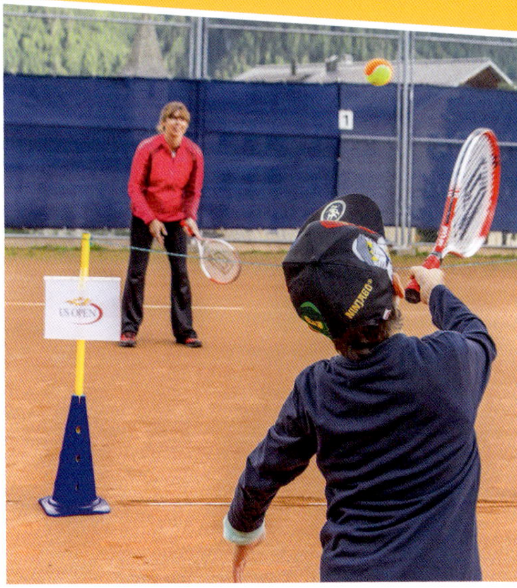

Bei den US Open wird auf Hartplatz gespielt. Für dieses Turnier ist es wichtig, dass man einen guten Aufschlag hat. Die Kinder versuchen, den Ball hochzuwerfen und dann mit dem Schläger zu treffen und über das Netz zu spielen. Die Mütter können auch einen Ball an der Schnur hochhalten, den die Kinder treffen müssen.

Übung 5: Abschlussturnier

Nachdem sich alle so toll auf die größten Turniere des Jahres vorbereitet haben, wird zum Abschluss ein kleines Turnier gespielt. Hier kann der Leiter entscheiden, wer gegen wen spielt, ob Mutter oder Vater gegen Kind oder die Kinder gegeneinander, und in wel-

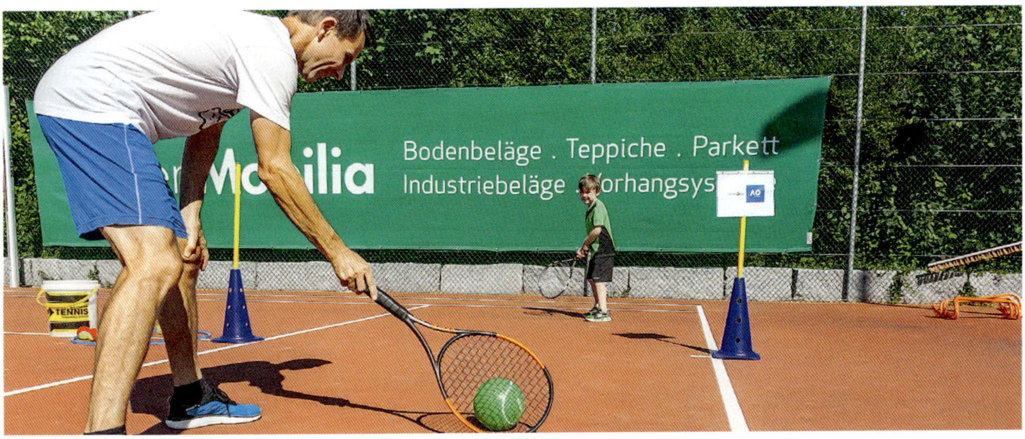

chem Format, d. h. über oder unter dem Netz und nach welchem Punktesystem. Die Mütter können beim Zählen helfen. Beim Zählen können die Kinder auch pro Punkt einen Ball in einen Ring legen. Wer zuerst zehn Bälle im Ring hat, oder wer nach einer bestimmten Zeit die meisten Bälle im Ring hat, ist der Sieger.

Abschluss:

Es wird das Abschlusslied gesungen und alle können ein Feedback über die Stunde abgeben. Jedes Kind darf sagen, was es gelernt hat und welche seine Lieblingsübung war.

NEUER SPORTVERLAG

My-Pocket-Coach Mental/Tennis/Fitness

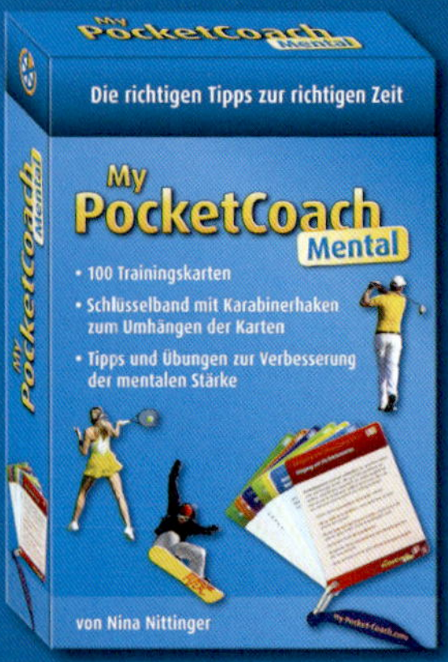

My-Pocket-Coach

ist das ultimative Tool für Athleten und Trainer, um die mentale, physische und taktische Stärke im Training und bei Wettkämpfen gezielt zu verbessern. Mentale Stärke, Fitness und taktische Finesse spielen eine enorm wichtige Rolle, um die sportliche Leistungsfähigkeit voll ausschöpfen bzw. sie aufrechterhalten zu können.

Mit **My-Pocket-Coach Mental** können Athleten aller Sportarten sich schnell wichtige Kenntnisse aus dem mentalen Bereich aneignen. Praktische Übungen helfen, die mentale Stärke gezielt aufzubauen. Im Training oder bei Wettkämpfen gibt My-Pocket-Coach immer die richtigen Tipps für entscheidende Momente.

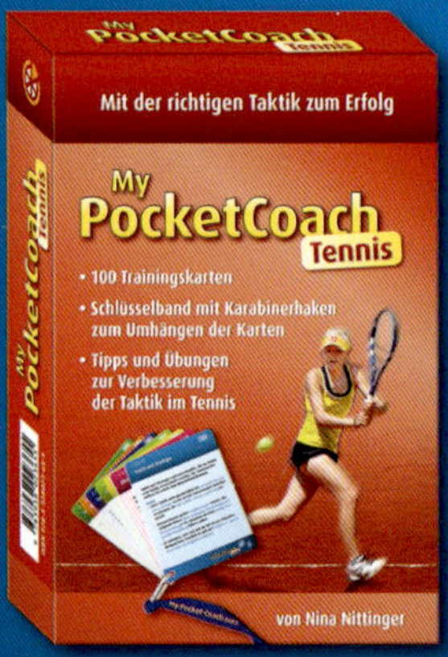

My-Pocket-Coach Tennis ist der unverzichtbare Ratgeber für jeden Tennisspieler, um in schwierigen Situationen die erfolgversprechendste Lösung parat zu haben. My-Pocket-Coach Tennis gibt ambitionierten Spielern die taktischen Tipps für das Match, die den Weg zum Erfolg ebnen. Wer ein Match gewinnen will, muss wissen, wie er seinen Gegner besiegen kann.

My-Pocket-Coach Fitness ist das umfassende Werkzeug für jeden Sportler, der mit gezielten und funktionellen Übungen seine körperliche Fitness trainieren will. Durch regelmäßiges Trainieren werden die Leistungsfähigkeit des Körpers gesteigert, Schwächen gezielt behoben und Verletzungen vorgebeugt. Mit über 180 bebilderten Übungen auf 100 Trainingskarten kann jeder Sportler die vorgegebenen Trainingsprogramme einfach nachvollziehen und eigene Programme zusammenstellen.

Die Übungen können spezifisch auf verschiedene Sportarten abgestimmt, vereinfacht oder erschwert werden, so dass sie sowohl von Leistungs- als auch Hobbysportlern aller Altersstufen durchgeführt werden können.

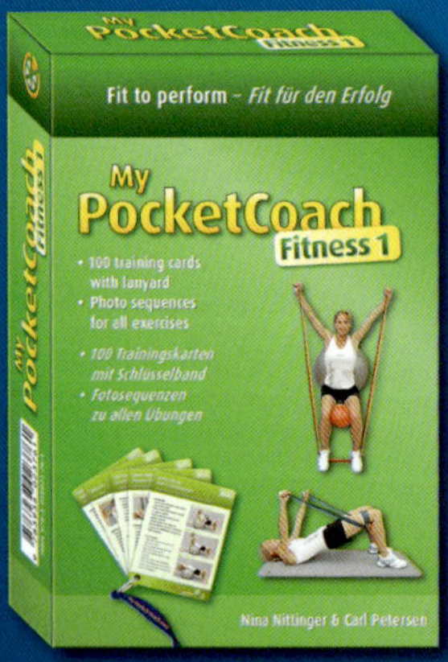

Einfach eine individuelle Auswahl an Karten zusammenstellen, an das Schlüsselband hängen und los geht's!

My-Pocket-Coach Mental
ISBN 978-3-938023-57-0

My-Pocket-Coach Tennis
ISBN 978-3-938023-65-5

My-Pocket-Coach Fitness
ISBN 978-3-938023-76-1

je EUR 29,90
Nina Nittinger

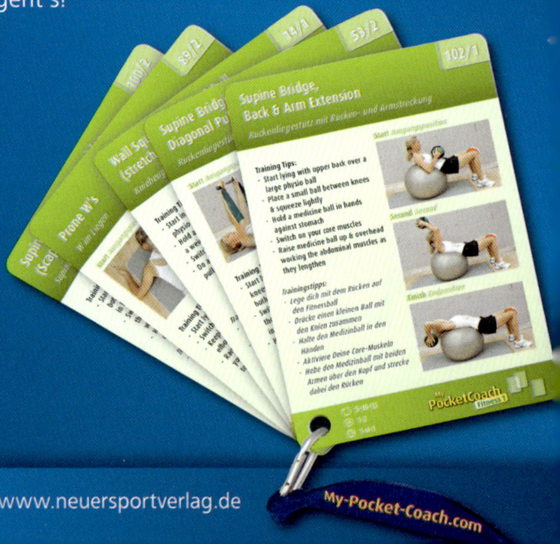

Neuer Sportverlag | Beim Hochwachtturm 2 | 71332 Waiblingen | www.neuersportverlag.de